别让孩子伤在坏习惯上

程红霞 编著

中国华侨出版社
·北京·

图书在版编目 (CIP) 数据

别让孩子伤在坏习惯上 / 程红霞编著. —北京：
中国华侨出版社，2013.8（2024.2 重印）
ISBN 978-7-5113-3874-7

Ⅰ. ①别… Ⅱ. ①程… Ⅲ. ①习惯性—能力培养—儿童教育—家庭教育
Ⅳ. ① G78 ② B842.6

中国版本图书馆 CIP 数据核字（2013）第 188384 号

别让孩子伤在坏习惯上

编　　著：程红霞
责任编辑：唐崇杰
封面设计：朱晓艳
经　　销：新华书店
开　　本：710 mm×1000 mm　1/16 开　　印张：14　　字数：185 千字
印　　刷：三河市富华印刷包装有限公司
版　　次：2013 年 8 月第 1 版
印　　次：2024 年 2 月第 2 次印刷
书　　号：ISBN 978-7-5113-3874-7
定　　价：49.80 元

中国华侨出版社　北京市朝阳区西坝河东里 77 号楼底商 5 号　邮编：100028
发 行 部：（010）64443051　　　传　真：（010）64439708
网　　址：www.oveaschin.com　　　E-mail：oveaschin@sina.com

如果发现印装质量问题，影响阅读，请与印刷厂联系调换。

前　言

Preface

　　一个良好的习惯，就像一张无限额的支票，可以让人受用一生。父母是孩子的第一任老师，孩子的习惯有80%是通过父母而来的，父母的好习惯会影响孩子的一生，而孩子的好习惯则决定他的命运。

　　教育孩子是每一位父母最重视、也最头痛的问题。关键在于父母要以正确的教育理念和恰当的方式去规范和引导孩子，要找到家庭教育的突破口。从培养孩子的好习惯入手，就是最好的一个突破口。

　　习惯对我们有着相当大的影响，因为它是在不知不觉中养成的，经年累月地影响着我们的行为，影响着我们的效率，左右着我们的人生。习惯是一种极其顽强的力量，它可以主宰人的一生。这些习惯，决定了孩子成长过程中方方面面的素质。作为父母，与其给孩子留下百万家产，不如帮助孩子从小养成一些良好习惯。

　　好习惯使孩子受益终身，而坏习惯则会使孩子终身受害。而孩子的好习惯的养成和坏习惯的形成，主要决定于父母的教育和引导。家庭作为组成社会的细胞，是孩子成才教育的第一课堂，是培养孩子良好情感和理想的温室。

当然，好习惯的养成并不是一蹴而就的，它是一个长期积累的过程，要培养孩子良好的习惯，父母还应该具有教育的长远眼光，不求一时的速度和效率，尊重每个孩子的差异，不给孩子成长的压力。只有这样，教育才能起到真正意义上的成效。

培养孩子的良好习惯，说起来是一码事，实际做起来是另一码事。因为孩子的情况千差万别，孩子成长的环境各不相同，任何简单化、形式化的做法都会导致家长的努力大打折扣。这就要求父母们在认识上、方法上首先提高自己，学会更加理性、科学地教育孩子。

如果说人生的成长是孩子必须走过的独木桥，习惯就是这座桥上的护栏。建造、加固好这些护栏，是父母义不容辞的责任，也是孩子顺利到达彼岸的保障。好习惯，是父母能给子女的最好礼物。相信各位父母一定能够从中找到培养孩子好习惯的"金钥匙"。

目 录
Contents

　　培养孩子的好习惯，首先需要父母深刻认识到习惯对于孩子一生的影响。孩子的好习惯不会从天而降，而是一步一步养成的，如果父母根本不注意孩子日常生活中的小习惯，不去有意识地纠正孩子的坏习惯、培养好习惯，那么孩子的人生必定在不良习惯的左右下难有大的作为。

第一章　性格决定习惯

　　对孩子而言，习惯不是孤立存在的，性格因素对个人习惯影响尤其重大。一个性格好动、脾气火暴的孩子往往有丢三落四的坏习惯，反之亦然。所以，家长要想培养孩子的好习惯就要从性格特点入手，对症下药。

第二章　习惯决定命运

　　习惯往往是在不自觉中支配人的行为，因此，好的习惯可以让你在不自觉中做对事，坏的习惯则让你在不自觉中做错事。于是，一个人往往在不自觉中走向了命运的不同归宿。认识到习惯对于命运在一定程度上的决定作用，父母在培养孩子习惯的过程中才能发挥更加积极的作用。

第三章　好的学习习惯比好的学习成绩更重要

中篇 **走出误区**
错误的方式不利于孩子良好习惯的养成

　　要想让孩子养成各种有利于人生成长的好习惯，家长必须改正一些经常使用但又十分错误的教育方式。这种教育方式在潜移默化中放大了孩子性格中的消极因素，促成了许多不良习惯的养成。

第四章　不要把表扬和鼓励作为唯一的手段

　　众多的教育专家不断告诉家长们，要更多地使用表扬的方式鼓励孩子，不要动辄呵斥，这会扼杀孩子的创造性并造成沟通的障碍。道理是不错，但有的家长运用起来就成了只有表扬，孩子犯了明显的错误也得不到及时、明确的批评，这会让孩子混淆是非观念，并助长其：娇气的滋生。

第五章　过于溺爱会让孩子习惯于任性而依赖

　　现在一般家庭尤其城市家庭大多只有一个孩子，往往形成父母加上爷爷奶奶几个人围着一个孩子团团转的现象，于是溺爱不期而至。在溺爱中成长的孩子思想和行为方式带有明显的任性、依赖的习惯特点，这对他以后生活的影响是十分不利的。

第六章　一味高压管制塑造不出良好的习惯

有的家长在教育孩子的方式上一派高压作风，孩子只能完全按照家长的意愿行动，稍有差错便招来指责训斥。长此以往，孩子便会丧失独立性，养成凡事看别人眼色的习惯，这显然不是家长愿意看到的。

下篇 找对方法
合同式教育是培养孩子良好习惯的新途径

　　有的家长可能说，这也不行，那也不好，到底用什么方法可以教育孩子养成良好的习惯呢？事实上，在这个问题上没有什么灵丹妙药，在上、中两篇中我们主要阐述了与习惯养成的相关问题，以使家长对此问题的思考和探索更加深入。同时在本篇里我们重点介绍一种合同式的教子方式，希望为家长们培养孩子的好习惯有更加直接的参考价值。

第七章　培养孩子做人做事习惯的合同

　　做人做事这个题目放到孩子身上似乎大了些，但是要知道，一个人做人做事的诸多习惯大多数是从小养成的，如果不从现在抓起，等他长大成人，一些坏习惯影响他的生存与发展时就晚了。有意识地跟孩子签一些这样的合同，在养成良好习惯的同时，让孩子成长得更加健康。

第八章　培养孩子学习与思考习惯的合同

作为孩子来讲，学习始终是他生活中的一大主题，那么学习习惯与思考习惯的养成就显得尤为重要。就孩子身上的相关问题，与之签订一些有针对性的合同，会有助于这些好习惯的养成，进而提高他的思维和学习能力。

第九章　培养孩子待人接物与日常生活习惯的合同

我们都喜欢待人彬彬有礼、生活中井然有序的孩子，相反，那些分不出长幼尊卑，书包、衣服、玩具总是乱成一团的孩子总会让你皱起眉头。但这并非孩子的错，一定是家长的教育理念和方式出了问题。跟孩子签一份合同试试，也许会让孩子在待人接物以及日常生活的诸多习惯都能有所改观。

上篇 认识到位

习惯对孩子一生成败有关键性的影响

　　培养孩子的好习惯，首先需要父母深刻认识到习惯对于孩子一生的影响。孩子的好习惯不会从天而降，而是一步一步养成的，如果父母根本不注意孩子日常生活中的小习惯，不去有意识地纠正孩子的坏习惯、培养好习惯，那么孩子的人生必定在不良习惯的左右下难有大的作为。

第一章

性格决定习惯

　　对孩子而言，习惯不是孤立存在的，性格因素对个人习惯影响尤其重大。一个性格好动、脾气火暴的孩子往往有丢三落四的坏习惯，反之亦然。所以，家长要想培养孩子的好习惯就要从性格特点入手，对症下药。

1. 帮助孩子走出嫉妒的误区

　　当发现孩子嫉妒别人时，父母常会指责孩子心胸太过狭窄，其实，导致孩子嫉妒的原因是相当复杂的，其中一点就是害怕。比如害怕自己不是一个优秀的人。因此，如果父母能让孩子更喜欢自己，让孩子认识到自己也有比人强的地方，那么孩子的嫉妒心理一定会减轻很多。

　　孩子的嫉妒往往产生在这样的情况下：他人的才能、地位、境遇或相貌等方面优于自己；意识到自己对某人、某事、某物的占有或占有意识受到现实的或潜在的威胁；自己的社会尊重需要未能得到满足等。

嫉妒情绪普遍存在着。在嫉妒者的眼里，被嫉妒者的成功仿佛证明了自己的失败；被嫉妒者的辉煌好像印证了自己的无能；被嫉妒者的各种优势又似乎说明了自己的不幸。有的人看到别人的才华、能力、荣誉、人际关系、经济条件比自己好，长相、衣着超过自己，学习成绩比自己优秀，便会不由自主地感到羡慕，继而产生恼怒、痛苦。一些孩子甚至会千方百计地拖别人的后腿、拆台。

有一个女孩子，家境不是很好，这使她有点自卑。而和她同宿舍的一个女孩，家庭条件却非常好，亲朋好友常给她买许多衣服、食品之类，她趁宿舍无人之机，把这位同学的衣服洒上胶水或干脆扔出窗外，还把同学的发卡、化妆品等随手扔进卫生间的下水道，为此造成了同宿舍同学间的许多误会。直到有一天，她又如法炮制时被偶尔回宿舍的同学撞见，事情才水落石出。后来这个女孩子哭着说，她只是觉得自己不如人，别人一定在背后笑她，因此才越来越嫉妒富有的女同学，才会做出这种事。

嫉妒者有时是因为无法肯定自我。在他人的心目中，自己是个什么样的人呢？自己是不是能凭借能力取得进步呢？诸如此类的问题往往不自觉地在心中出现，而对待这些问题又无法找到解决的答案，时而认为是肯定的，时而又认为是否定的。在这样的心态下，遇到一些比自己强的伙伴，一些人缘好的伙伴，一些条件比自己好的伙伴便容易产生嫉妒。越是嫉妒，越是无法肯定自我。

要想纠正孩子的嫉妒，那么首先就要让孩子学着肯定自己，而要让孩子肯定自己，就得改正孩子不良的认知习惯。这种认知习惯突出表现在不恰当的比较上，他们习惯于用别人的优点、长处与自己比较，总觉得自己不如人。实际上，这种比较是不平等的，怎么能拿自己的弱点与别人的优点去比较呢？这类孩子往往看不到自己的优点、长处、优势，发现不了自己的潜力。

比如，有的孩子羡慕家庭经济条件好的孩子，羡慕他们的吃喝、穿戴，却意识不到和睦的、民主的家庭气氛往往比经济条件更重要。因而，看不到自己家庭的优势，妒忌那些家庭经济条件好的孩子。

那么，家长们怎样才能做到这一点呢？

（1）帮助孩子正确认识自我

父母应该让孩子认识到，每个人都有自己的长处，也有自己的不足。所以作为父母，不但要正确地认识孩子，还要帮助孩子形成正确的自我认识。孩子都喜欢受到表扬和鼓励。适度的表扬，可以增加他的自信，促进他不断进步；如果表扬过度，就会使孩子骄傲，不能正确地进行自我评价，甚至当有人说别人好，没说他好时，他就难以接受。比如人家取得了成就，便误以为是对自己的否定，对自己是威胁。其实，这只不过是一种主观臆想，一个人的成功不仅要靠自己的努力，更要靠别人的帮助，荣誉既是他的也是大家的，人们给予赞美、荣誉，并没有损害自己。而孩子之所以产生嫉妒心理，是因为他还不能全面地看问题，不能对自己和他人进行正确的评价，这就要求父母在与孩子相处的过程中，要注意让孩子正确地认识自我。

（2）培养孩子分析思考问题的能力

教给孩子客观地看待和分析问题的方法，培养孩子分析思考问题的能力，不仅能使孩子正确地认识自己，正确地对待别人，还能使孩子的理智得到较好的发展。在日常生活中，家长要有意识地设置环境，创造氛围，让孩子从日常的生活中，体会到"山外有山，人外有人"，事事领先的人是没有的。如果家长设法使自己的孩子养成分析问题、研究问题的习惯，孩子的情感就会不断丰富，心理就会日趋成熟。这时，即使孩子对某人产生了嫉妒心理，也会很快被理智的思考所抑制。

（3）让孩子看到自己的优势

俗话说"金无足赤，人无完人"，每个人都有自己的长处和短处，也都有优势和不足。某些方面自己比别人强，某些方面自己不如别人，这是客观的必然现象。有些同学记忆力不好，花费同样的时间，没有别人记住的东西多，你不必忌恨别人，而应仔细认识一下自己；也不必抱怨自己，也许你会发现，你有顽强的意志，充分发挥你的意志力的作用，可能在别人半途而废的地方，你能取得胜利。你的容貌不如他人，但可能你的品德高尚、知识渊博，难道这不同样值得自豪吗？为什么一定要嫉妒别人的漂亮呢？

（4）培养孩子博大的胸怀

有妒忌心理的孩子，往往有自身的性格弱点。如：与人交往时，喜欢做核心；当不能成为社交中心时，就会发脾气；不会感谢人，易受外界影响等。对有性格弱点的孩子，父母要悉心引导。在孩子面前，对获得成功的人多加赞美，并热情鼓励孩子虚心学习他人的长处，积极支持孩子通过自己的努力去超越别人，战胜自己，使孩子的妒忌心理得到正当的发泄。父母要教育对遭到不幸的人给予同情，不可纵容孩子幸灾乐祸，助长孩子的妒忌心理。对孩子的挫折，父母要耐心地同孩子一起认真地做理性分析，帮助孩子找到失败的原因，鼓励孩子再做努力，决不可让孩子怨天尤人，垂头丧气，一蹶不振。父母要通过自己的努力使孩子经得起任何风吹浪打，对别人的成功感到由衷的高兴，对他人的不幸给予深切的同情，对自己的失败具有再创成功的信心。

（5）要帮助孩子正确认清妒忌心的危害

父母要教导孩子，妒忌心的危害一是打击别人，二是贻误自己，三是腐蚀风气，于人于己于社会都无益处。古往今来，心胸狭窄、妒忌他人的人，都没有得到好的下场。

战国时庞涓妒忌同窗好友孙膑的才能，他把孙膑骗到魏国，用莫须有的罪名挖去孙膑的膝盖骨。孙膑忍着痛苦，修习兵书，终于逃出魏国，在马陵之战中，打败庞涓，并取其性命。庞涓自取灭亡，落得被人耻笑。三国时周瑜妒忌诸葛亮的才能，几次要害诸葛亮，但是最终害不着别人害自己，堂堂吴国大都督，没有死在刀光剑影的沙场，却因妒忌而气死在病榻之上，岂不悲哉？

心理学认为，凡是心理上厌恶的东西，行动上就容易自觉地同其决裂。因此，如果认清了妒忌心的危害，是不难克服的。

总之，一个真正了解自己长处，喜欢自己的孩子，是不会去嫉妒别人的，因为他有让自己引以为傲的东西，因此要治疗孩子的嫉妒，只要帮助他接受自己，喜欢自己就行了。

2. 引导孩子告别冷漠

一位妈妈向教育专家抱怨说，她怀疑自己的女儿性格冷漠、缺少爱心，生活中很多父母也都有相同的感受，他们的孩子对他们冷漠，毫不关心，这让他们伤心极了。然而，孩子变成这样要怪谁呢？爱是人类天性，每一个人都希望得到别人的爱，同时也应该向别人付出爱。可一些父母往往只给予孩子爱，却不懂得要求孩子回报，也不鼓励孩子施爱的能力，久而久之，孩子就习惯于父母关心自己，却不知道关心父母。因此，父母们应学会引导孩子关心自己。

5岁的罗尼跟同龄的孩子一样，喜欢吃汉堡，喜欢喝碳酸饮料，喜欢各种新奇的玩具。妈妈因此也把他当成一个除了吃喝玩闹之外，其他什么都不会的小孩。不过，一次意外的机会让她彻底改变了这种想法。

那一年，罗尼家搬到了一个新的城市，进了一所新的幼儿园。一个半月后，幼儿园要开家长会，罗尼妈妈也在被邀请之列。去幼儿园的路上，妈妈开玩笑地对罗尼说："怎么办啊？妈妈还没有完全适应这个城市，在你们幼儿园里，妈妈更是一个人都不认识，到时候你可要帮我啊。"

没想到罗尼一本正经地说："没问题，妈妈。我认识那里所有的老师和小朋友，包括每天接送小朋友的爸爸妈妈。"

妈妈看他认真的样子觉得很有趣，但她也只是笑笑，没有放在心上。

到了幼儿园，罗尼开始执行他的承诺，他尽责地陪妈妈到会议室，严肃地把妈妈介绍给校长和其他老师，又认真地向妈妈介绍了幼儿园的每一个小朋友，最后告诉妈妈小朋友们的名字以及哪位是他们的爸爸或妈妈。

接着，罗尼把妈妈带到一个沙发面前，给她端来了一杯果汁，"妈妈，你先坐在这儿别到处乱走，我去趟厕所，一会儿就回来。"

罗尼妈妈坐在沙发上，欣喜地看着突然间长大的孩子，她突然明白了一点，在孩子面前偶尔扮演弱者的角色，实际上是对孩子责任心与爱心最好的鼓励与赞美。

这真是一个温馨的小故事，妈妈的一个小玩笑，让她看到了孩子懂事、负责任的一面。世上没有不爱父母的孩子，如果你希望得到孩子的关爱，那么至少先要让孩子知道你是需要他的关爱的吧！如果这个故事中的妈妈不是扮出需要帮助的样子，她的儿子又怎么会主动去照顾她呢？看来能否让孩子有关爱之心，关键还是在于家长的引导。

有一位家长是一个教育工作者，但在教育自己孩子的问题上，却困惑不已。儿子是他的骄傲，夫妻俩一直无微不至地照顾孩子，孩子小的时候，家里经济条件不是很好，夫妻俩用省下的钱给孩子买营养品，吃鱼或排骨的时候夫妻俩就看着孩子吃个够，自己才动筷子。他们省吃俭用给孩子买钢琴，买电脑，请家教，他们常对孩子说的一句话就是，"不用担心我们，爸妈是大人，你只要生活得幸福，我们就幸福了！"后来孩子进了重点中学，成绩也很优秀，然而这孩子却有个毛病，不会关心大人。有一天，妻子出差，这位家长和儿子留在家里，八点多钟时，他的胃病犯了，疼得直冒冷汗，他勉强从床头柜里摸出一瓶胃药，然后让客厅里的儿子帮他倒杯水，没想到孩子对他的呻吟声毫不理会，反而不耐烦地说："你不会自己倒呀，我还得写作业呢！"这一刻，他感到自己的心比胃还要疼。

孩子的做法多么令人痛心，然而这一切究竟该怪谁呢？很多父母也像这位家长一样，认为爱孩子就该是无私的、奉献一切的，其实这种想法大错特错了。苏联教育家苏霍姆林斯基说过，爱心是最宝贵的，孩子的爱心必须从小开始培养，因此引导孩子的爱心也是父母对孩子应尽的义务。

爱心是孩子心理健康的一个十分重要的内容，尤其在儿童时期，孩子的身心发育最为迅速，是最关键的时候。因此，在这个阶段呵护孩子的爱心，对塑造他们的良好性格和健康行为都具有十分重要的意义。然而现在的许多教育方法更多的是关注孩子的智力开发，却往往忽视了孩子品德的培养，甚至可以毫不夸张地说，现在许多孩子在被教育的时期是处于感情教育的荒漠之中的。爱孩子不是只要让他（她）吃好、睡好、学习好就可以了，还要让孩子心存爱意，关心父母和他人。

生活中，很多父母都会发现这一点，你小小的孩子是乐于充当你的保护者的。如果停电时，你拉住孩子的手告诉他你很害怕，那么孩子一定会故作勇敢地抱着你，"妈妈不要怕，我来保护你！"曾经有一个很顽皮的孩子，他的父母对他的任性不懂事一直无可奈何。有一次，爸爸要出差就告诉孩子说，"你长大了，爸爸出远门后，你要照顾这个家，妈妈很柔弱，你要像男子汉一样保护她。"结果父亲回来后惊讶地发现孩子变了个样，他为爸爸拿拖鞋、揉腿，据说在爸爸出差的日子里，他每晚睡前都要检查门窗是否锁好，还常为妈妈倒茶、帮妈妈干活。这位爸爸为儿子的转变而惊喜，同时他也认识到这样一个道理：孩子对父母的关爱之心是需要培养的，是需要家长去引导的，不能只向孩子付出爱，而不向孩子索取爱。

除此之外，父母们也可以尝试用以下方法培养孩子热心的品性：

（1）让孩子设身处地为别人着想

孩子待人冷漠，往往是因为对别人的立场缺少了解，因此，我们可以利用同理心，让孩子设身处地地想他人之所想，急他人之所急，乐他人之所乐。例如，可以开展"假如我是……"的角色换位活动，使孩子理解、体验假想角色的内心感受，改变原来的冷漠态度。一位下岗职工的孩子正是通过"假如我是下岗的妈妈……"的角色换位活动，体验到妈妈的烦恼，认识到妈妈的不容易，从此改变了原来的做法，与妈妈的心贴得更近了。

（2）让孩子多参加一些慈善活动

书画家为拯救灾民的义卖书画活动；社会各界为"希望工程"的捐助活动；为美化校园，每人献上一盆花的活动。老师、父母应创造条件、提供机会，让孩子去感受这些活动。

（3）让孩子感受热心带来的快乐

孩子们受到了别人的友善相待会感到非常快乐，这清楚地告诉他热心是一件多么令人愉快的事，不过，更为重要的是，通过这样一个机会，让孩子懂得只要与人为善，自己也会获得快乐。因此，不妨给孩子创造一些表达热心的机会，例如善待小动物等，他能从中感觉到感激、忠心，并真正懂得热心的好处。

（4）让孩子在热心友爱的环境中成长

首先，父母应以友好和爱的方式来教育、帮助孩子，努力使热心、友好的气氛充满整个家庭。另外，友好相待所有认识的人：亲戚、朋友、同事、邻居，以及一切可给予帮助的陌生人。孩子们在这种环境熏陶下，善良、友好对他来说就显得非常熟悉、自然。

3. 虚荣会让孩子迷失纯真的本性

虚荣心强的孩子在个性成长中，经常会出现各种问题，如为了满足其虚荣心而经常说谎，情绪不稳定，不认真学习，缺乏意志力等。爱慕虚荣对孩子来说无疑是一种可怕的坏性格。父母应采取必要的方法加以纠正。

据有关调查表明，独生子女的虚荣心都比较强，在被调查的独生子女中有 20% 存在较强的虚荣心。虚荣心往往会导致孩子产生其他不良性格，如嫉妒、自卑、敏感等，这些都会阻碍孩子的发展。

据报载，某市曾发生过一起重大的盗窃案，作案者是两个学生。他们为了追求物质享受，与别的同学攀比，在虚荣心的驱使下，盗窃了自己家中的 5 万元钱，然后乘船去上海，在短短的 3 天之内，挥霍掉了所有的钱。他们购买最贵的衣服，到最高级的饭店吃饭，住最豪华的旅店，并且专门租了一辆车带他们四处享乐，真是奢侈之极。

童昊是浙江某县人，他生活在一个经济条件并不富裕的家庭，爸爸下岗后做点小生意。妈妈的身体一直不好，所以童昊几乎从小就没有得到过母爱。虽然家庭条件不好，但爸爸从来不让童昊在吃穿上受委屈，凡是别的孩子有的，童昊都会有。他觉得孩子已经缺少了母爱，如果在物质上再比别人差，那就太可怜了。所以爸爸平时总是省吃俭用，而对童昊提出的要求却从不拒绝。童昊在小伙伴中间算是很气派的一个，他感到很满足。从小学到初中，童昊的学习成绩一直很好，在爸爸和老师的眼里，童昊始终是一个好孩子。

但是自从上了市里的高中，情况发生了很大的变化。高中的同学和他以前的同学家庭条件不一样。同班同学的父母都是高收入者，同学们花钱如流水，穿的都是名牌，用的都是精品。相比之下，童昊显得非常寒酸，以前的优越感再也没有了。由此，童昊产生了严重失衡心理，他不甘心落于人后，于是他每次回家都向爸爸要很多钱，和同学们比吃比穿来满足他的虚荣心。起初爸爸总是大方地给他，但后来爸爸实在承受不了，好几次都拒绝了他。童昊见爸爸这个经济来源断了之后，就动了邪念："别人有的我为什么不能有，这不公平。"在这种想法的驱使下，童昊开始偷同学的钱，几次偷盗都没被发现，这更增加了他的侥幸心理。在金钱的诱惑之下，他越陷越深，最后伙同另一同学作案，被公安机关抓获，受到了法律的制裁。

童昊事件发人深省，他为什么会从一个听话的孩子变成一名罪犯呢？仔细分析一下，主要是虚荣心在作祟。虚荣心是一种表面上追求荣耀的自我意识，具有虚荣心的人，往往会用扭曲的方式来表现自己的自尊心和荣誉感，他们所追求的其实只是表面上的好看和形式上的光彩，面子高于一切，不顾条件和现实去追求虚假的声誉。

孩子虚荣心形成的主要原因来自家庭。由于现代的家庭孩子少，父母怕孩子受委屈，于是总对孩子有求必应。不管是自己孩子穿的，还是戴的，都不能比别人差，别人的孩子有什么咱家的孩子也得有，决不能比别人家的低。于是在家长这种无意识的纵容之下，孩子的物质欲望无限地膨胀。另外，独生子女的父母还从溺爱孩子的观点出发，在别人面前总是爱讲孩子的优点，掩盖他们的缺点，甚至在亲朋好友面前常常夸耀自己的孩子聪明，学习成绩好等，而对别人的孩子往往妄加指责。由于孩子对自己客观评价的能力还很差，家长具有绝对权威性，慢慢地孩子就从家长眼里的"十全十美"变成自己心中的"十全十美"，再也容忍不了别人超过自己。

从心理学角度来说，虚荣心是一种追求虚荣的性格缺陷，是一种被扭曲了的自尊心。虚荣心强的人不是通过实实在在的努力，而是企图通过贬损别人、打压别人的方式来获得成功。用跑步比赛来做一个比喻，那就是虚荣心强的人并不愿意真正与对手站在同一起跑线上展开一场较量，他总是企图通过一些不可告人的方式让自己的对手因为"这样"和"那样"的意外原因而无法参赛。

　　每一个人都有自己的追求，不同的人目标也不一样。有的人追求事业成功，有的人追求物质享受，有的人追求精神满足，还有的人追求虚荣。虚荣心是一种不切实际的东西，有虚荣心的人总想凌驾于他人之上，并在虚荣心的驱使下渐渐迷失自己。

　　虚荣的一种表现就是沽名钓誉，喜欢追求表面上的东西。家长要帮助孩子正确认识自己，不能以华而不实的东西作为追求的目标。

　　心理学家认为，当一个人进入青春期以后，儿童时代比较稳定、笼统的"自我"概念开始逐步被淡化，随之而来的"我"被分裂成两个：一个为主体的我，即"理想中的我"；一个为客体的我，即"现实中的我"。由于青少年自我认识、评价的能力不够，为了表现自我，获得他人尊重，往往会自觉或不自觉地淡化"现实中的我"，而去强化"理想中的我"，出于生怕被别人看不起的自尊心，就使用"假我"来掩盖"真我"，便形成追求虚荣的心理障碍，于是产生信口开河、胡乱吹牛的不良行为。

　　也许，每个人都或多或少地有点儿虚荣心，这是正常的，因为大多数人都渴望自己被他人尊重，被他人敬仰，都希望自己能做得更好，更理想。但是，如果虚荣心太重了，就会影响到心理的健康，影响到正常的学习和生活。我们仔细观察，就会发现虚荣心太重的人活得往往都会非常累。这是由于他们不能展示"真我"，不能按自己的本来面目生活，而需要在别人面前精心打扮来抬高自己。另外，有虚荣心的人虽然在别人面前显得很"自信"，但他们自己心里并不轻松，尤其是当他一个人独处时，便会感到更加的自卑，因为他们骗不了自己，更明白自己的真相。真相和假象的反差很易使少年内心空虚、失落，最终导致心理颓废，爱慕虚荣，不求上进。

　　孩子过强的虚荣心在平时的生活中会时时流露出来，如果父母能够及时捕捉到这方面的苗头，那么就可以立刻采取相应的对策对他们进行教育和开导。孩子过强的虚荣心往往表现在以下几个方面：

①对自己的能力、水平过高地估计。常常在别人面前炫耀自己的特长和成绩。听到表扬就得意非凡，而对于批评则不以为然，更有的还拒不接受。

②常在同学和伙伴面前夸耀自己父母的地位或者家境的富足，以突显出自己的优越感。并且讲阔气赶时髦，特别注重穿着打扮，不关心衣服是否适合自己的体貌，只关心衣服是不是名牌。

③不懂装懂，喜欢班门弄斧，自以为是。如果别人指出了他的错误，就恼羞成怒，拼命要把方的说成圆的。

④从不称赞别人的才能，反而还会鸡蛋里挑骨头。对他人总是说长道短，搬弄是非。

虚荣心强的孩子在个性成长中，常常会出现各种各样的问题，如：为了满足自己的虚荣心而常常说谎；情绪不稳定；不认真学习；缺乏意志力等。虚荣心强对孩子来说无疑是一种可怕的坏习惯。人不可能一点虚荣心都没有，但是当虚荣心超出了一定限度就有百害而无一利了。

当家长发现孩子有过强的虚荣心时，千万不要急躁、空口说教或者以命令的形式禁止。这些都无法从根本上解决孩子的问题。家长应采取必要的方法加以纠正。

父母是孩子的第一任老师，他们的一言一行都会影响孩子，所以，父母必须以身作则，为孩子树立良好的榜样。这就要求家长首先要端正自己的态度，不要为了追求物质享受，而盲目地同别人攀比。家长也不要总是给孩子买这买那，或者习惯性地给孩子买各种礼物，因为如果一旦形成习惯，孩子就会感觉他能得到这些礼物本来就是应该的，而且还要你不断地给他买，这样就使他的虚荣心不断地膨胀。

平时，家长要注意孩子心态的变化，多给孩子讲不爱慕虚荣的道理。有的家长为了使孩子不受委屈往往尽量满足孩子的要求，而还有的家长对孩子则采用先吼后打的办法。其实，最好的办法是多给孩子讲道理。告诉孩子，拥有名牌并不意味着就拥有了较高的地位，只有依靠自己的力量取得成功，才能获得别人的尊重和认可。教育孩子根据自己的需要来购买东西，而不要为了同他人攀比，买自己所不需要的东西；让孩子学会科学的理性的消费；可以把家中的收入支出讲给孩子听。

家长要创造机会，让孩子通过自己的劳动获得想要的东西。如果孩子的要求是合理的，那么家长可以为孩子创造一些机会，让孩子用自己的劳动挣来的钱购买所需要的东西。如让孩子做一些力所能及的事，分担一些家务，然后从中取得回报。一分劳动一分收获，一滴汗水一点回报，让孩子知道仅靠不停地向家长张口要这要那，这不仅不光彩，而且还行不通。

家长要客观地评价自己的孩子。作为家长不应该过分夸大孩子的优点，也不要掩盖孩子的缺点。对那些符合道德规范的行为，家长应给予表扬，但应适度。因为经常性的表扬会使孩子认为这些并不是他应该做的，一旦这样做了，便能得到奖励。久而久之，孩子便养成了虚荣的坏习惯，而且越来越严重。对于孩子的缺点要及时指出，帮助孩子分析原因，并鼓励其渐渐克服。

父母应该让孩子明白，虚荣是一种自欺欺人的行为，虚荣心越强就会离现实越远，因此应当增强自信心，告别虚荣心。

4. 胆怯的孩子难有大作为

生活中，有很多胆小怕事的孩子，对于这样的孩子，父母们往往认为：现在应该顺其自然，长大点就会变好了。然而这种想法是错误的，孩子的怕生怯懦会对性格的形成造成不良影响。

6 岁的女孩陶桃孤僻、温顺、胆小、怕狗、怕猫，还怕小老鼠。在家里，父母非常宠爱她，奶奶更将她视为掌上明珠，处处关心、事事包办。平时父母上班后陶桃喜欢一个人待在家里，玩玩具、看小人书、听奶奶讲故事。平时，她很少出门，十分听话，非常乖巧，邻居们都夸陶桃是听话的好孩子。即使家里来了客人，无论大人还是小孩，陶桃大多不理不睬，也不上桌吃饭，独自到里屋玩玩具。在陶桃 4 岁的时候，妈妈送她上幼儿园，她又哭又闹，不肯去幼儿园。被父母强行送入幼儿园后，陶桃却一个人躲在角落里，不与任何小朋友玩耍，对谁也不讲话，也不愿参加集体游戏活动，显得十分孤僻，老师反复劝慰，作用不大。无奈，父母只得把陶桃领回家，但一回到家陶桃就又恢复正常，与奶奶、父母倒是有说有笑，有时还能帮助奶奶择菜、扫地、洗手帕等。看到陶桃的情况，父母对此非常担忧。

现在，有些独生子女胆子特别小，令家长着急、担心，怕孩子得不到很好的发展。孩子胆小的表现为：

不敢一个人待在家里，总说害怕，怕什么也说不清楚；

不敢在班上回答问题，更不敢向老师提出问题，甚至老师点名叫他回答问题，也难于开口，或者声音细小，匆匆结束；

不敢在生人面前讲话，家里来了客人躲在角落里一言不发，大气不出，家长叫出来也躲躲闪闪；

不敢在晚上出屋门，即使很短的时间，很短的路，也很害怕；

不敢一个人上街办事，像买张晚报、取瓶牛奶、发封信件这些事情也依赖大人，自己不敢单独去做；

不敢在受小朋友欺负的时候大声讲理，更不敢反抗，一味忍受，回家哭泣。

……

这些表现，的确不利于孩子的发展，因为胆小，使孩子失去了许多展现自己、锻炼自己的机会。

造成胆小的原因是多方面的，一般的有以下几种原因：

①家长保护过度：有些家长对孩子的保护过多过细，怕磕着、怕碰着，总把孩子形影不离地带在身边，使孩子形成一种强烈的依赖心理和被保护意识。当孩子逐渐长大时，保护的惯性照样持续，没能根据孩子的能力发展适当"放飞"，最终导致孩子害怕离开大人。

②孩子交往太少，对陌生人群不适应：有些孩子从小很少与人交往，除了父母、长辈，极少与同龄小朋友一起玩耍，极少有走亲访友的机会。这样，使孩子的交往能力萎缩，怕见生人，怕在众人面前讲话。

③孩子曾经被吓唬，心理上留下阴影：有的家长为了不让孩子做某些事，就用鬼啊、狼啊、虎啊等来吓唬孩子；大众传媒中的一些画面、一些故事讲了可怕的内容，或者生活中某些偶发事件，如车祸、跑水、着火等吓着了孩子……这些经历，在孩子心理上留下可怕的阴影，造成孩子胆小。

胆大、富有勇气的孩子往往是家长着力培养的结果，而孩子的胆小、退缩与教育者的抚养方式和态度也密切相关。

孩子长期被关在屋内，犹如生活在"世外桃源"，与外界接触的机会很少，久而久之，就养成了怕生人、不合群、郁郁寡欢的性格，影响了身心健康。家长要注意让孩子多见见世面，如敞开大门，让孩子走出去和周围的孩子接触，参加课外的各种活动，也可以请邻居小朋友到家里来做客。有意识地让孩子经常和胆大勇敢的小伙伴在一起，跟着他们做一些平时不敢做的事情，并将小伙伴的言行举止作为自己模仿的对象，耳濡目染，慢慢地得到锻炼，便会变得勇敢、坚强起来。

有一只老鼠和其他的老鼠一样很怕猫。有一个巫师为它难过，愿意提供帮助，解除它的恐惧。在这只老鼠的同意下，巫师将它变成了一只狗。可是这只狗又怕老虎，这样巫师就再使它变成一只老虎。当这巫师发现这只老虎又怕猎人，他就厌恶得叫了起来：

"你真是毫无希望！你所需要的是改变你的心！需要一颗新的心，这一点我可帮不了你！"

恐惧是人的一种消极心理，它到处压迫着你，使你不敢勇往直前。害怕，是幼儿拥有理性、潜力和自我保护、自我调适能力的证明。在看魔幻影片时，许多人都对影片中的"魔幻世界"里的各种奇怪事物产生恐惧，这种害怕会让人在看完影片后还心有余悸。而早已为我们熟悉的世界对幼儿来说就是"魔幻"的，世界上的一切对幼儿来说都是那么的新奇新鲜，从而让孩子产生出种种的恐惧，但是绝大多数孩子都能够很快地摆脱恐惧并长大成人。胆小、害怕对孩子有保护作用，这是因为胆小害怕说明幼儿对新事物的体验比较敏感，观察得比较仔细，这些虽然妨碍了他接纳新事物、适应新环境的速度，但是胆小和害怕能够使孩子采取更安全、更慎重和更有益的方式协调他与外界的关系。

家长应有意为孩子创设自我管理的机会，培养孩子独立自主的能力。家长要表现出对孩子能力的信任，培养孩子的勇敢精神。让孩子学会逐渐摆脱对他人的依赖，能够独立地做出各种决定，完成他们力所能及的事情。

家长应教给孩子简单的社会交往技能，鼓励孩子参加各种社会活动。尽量为孩子创造各种条件，让孩子充分体验和同伴一起游戏的乐趣。家长要引导孩子与同伴的交往，但在带孩子外出或去公共场所活动时应设法减轻孩子的心理压力，最好不要指责孩子在公共场所或陌生人面前表现的不当行为，也不要当着孩子的面向客人解释孩子的退缩行为，如"我的孩子胆小，不愿见生人"，"这个孩子在家里还行，一出门就变得胆小了。"等诸如此类的言语，即使这些语言是带着善意的，也会导致孩子的反感和抵触情绪，甚至会强化孩子的胆小退缩行为，使孩子产生自卑感。

家长对孩子的要求要适度，及时对孩子的良好行为予以表扬。期望孩子能实现自己愿望的父母们很容易对孩子提出过高的要求，总是看到自己孩子的缺点而看不到优点，总爱拿自己孩子的短处比其他孩子的长处，这样做就难免形成孩子的自卑。所以家长对于孩子在社交活动中出现的任何进步表现，都应给予及时的鼓励，不时地加以赞美，适时奖励孩子的点滴进步。

培养孩子广泛的兴趣，激发孩子的求知欲。家长要充满热情地鼓励孩子各方面的兴趣。曾有一位家长让自己两岁半的女儿学舞蹈，原意是培养孩子的兴趣，可当家长看到孩子学了很长时间都不会的时候，就忍不住说："你真是个笨蛋！"家长这样的态度对孩子学习的积极性肯定有很大打击，因为家长是孩子心目中第一个权威的评价者，他们特别渴望得到家长的肯定和认可，可是家长们往往没有意识到这一点，经常轻而易举地、毫不负责地摧毁了孩子的求知欲。当孩子做得好时，应适时表扬；当孩子做得不好或者失败时，要先发现孩子的闪光点，然后再鼓励他们。孩子兴趣广泛，参加集体活动的机会增多，多次成功的体验就能缓解孩子与人交往时的紧张和焦虑。

许多小朋友所以怯懦，无非就是害怕失败。但越害怕失败就越不敢行动，越不敢行动就又越怕，一旦陷入这种恶性循环之中，怯懦就更加深。对此，家长要经常有目的给小孩讲不怕失败、战胜困难的小故事。平时，有意交给小孩一些让他（她）感到怯懦的、困难的任务去完成，当孩子想打退堂鼓时，及时给予鼓励和帮助。随着这类锻炼机会的增多，他（她）的勇气就自然积累起来，就不会感到怯懦了。

5. 培养孩子坚强的意志力

孩子在成长过程中，必然会受到各种各样的挫折和失败，那些性格懦弱，意志不够坚定的孩子必然会被淘汰，因此家长们在生活中应该有针对性地培养孩子坚定、有恒的性格。

意志是人自觉地确定目的，并根据目的调节支配自身行动，克服困难，去实现预定目标的心理过程，是人的主观能动性的突出表现形式。在意志结构中，决心、信心和恒心是三个重要的心理因素，它们之间相互作用，相互渗透，共同制约着人的意志行动。也就是说，要从事一项意志行动，要有决心、信心、恒心。

有一个人死后，在去阎罗殿的路上，遇到了一座金碧辉煌的宫殿。宫殿的主人请求他留下来居住。

这个人说："我在人世间辛辛苦苦地忙碌了一辈子，我现在只想吃，只想睡，我讨厌工作。"宫殿主人答道："若是这样，那么世界上再也没有比我这里更适合你居住的了，我这里有山珍海味，你想吃什么就吃什么，不会有人来阻止你；我这里有舒适的床铺，你想睡多久就睡多久，不会有人来打扰你；而且，我保证没有任何事情需要你做。"

于是这个人高兴地住了下来。

开始一段日子，这个人吃了睡，睡了吃，感觉非常快乐。渐渐地，他觉得有点寂寞和空虚，于是他就去见宫殿的主人，抱怨道："这种每天吃吃睡睡的日子过久了没有意思，我现在是脑满肠肥了，对这种生活我已经提不起一点兴趣了。你能不能为我找一份工作？"

宫殿的主人答道："对不起，我们这里从来就不曾有过工作。"

又过了几个月，这个人实在忍不住了，又去见宫殿的主人："这种日子我实在受不了，如果你不给我工作，我宁愿去下地狱，也不要再住在这里了。"

宫殿的主人轻蔑地笑了："你以为这是天堂吗？这里本来就是地狱啊！"

俗话说，只有享不了的福，没有遭不了的罪。无事可做是消磨意志的温床，过于安逸舒适的生活能把人带入地狱。

现在的孩子大多是独生子女，在他们身上集中了好几代人的希望，受到很多人的关注，有些家长甚至无条件地满足孩子的任何要求，让孩子很容易就得到了很多物质享受。他们整天无事可做，根本不懂得什么是苦，什么是累，不懂得什么是困难，什么是挫折。这样只能使孩子的意志变得薄弱，不能抵挡任何风雨。但是，孩子终究有一天会长大。那时他们就会离开父母，走向社会，面对新的生活。为了孩子能够健康地成长，家长就应该帮助和教育孩子，使他们知道什么是苦，什么是累，努力培养孩子适应各种环境的能力，让孩子从小就具有良好的意志品质。

夏日的一天，一个人走在乡间小路上，看见一个农夫正赶着一头牛犁地。当他走上前去准备向这个农夫问路的时候，突然看到那头牛的肚皮上有一只很大的牛虻。很明显，那只牛虻正在叮咬那头牛，而且把那头牛叮得很不自在，因此他就想把那只牛虻赶走。

当他举起手来的时候，农夫制止了他。农夫说："请不要赶走它，朋友，知道吗，正因为有了这只牛虻，这头老牛才一直不停地走动着。"

挫折可以磨炼一个人的意志，他人的嘲讽能使人勤勉有为。凡事都有积极的一面。只要正确看待生活中遭遇的不幸，把压力变为动力，你也许会发现，在那些恼人的事情背后却隐藏着好运。

要想让孩子有良好的学习成绩，就得在他身上放一只督促他的"牛虻"。

当然，兴趣的重要性无可怀疑，但是对于应试来说，孩子的意志品质却更重要。这道理很简单：考试不能从学生的兴趣出发，只能从选拔的需要出发，因此考试的科目设置和题目安排是不考虑学生有没有兴趣的，而绝大多数学生很难对所有的考试科目都感兴趣。不感兴趣也要学下去，还要学好，这就只好靠意志了。我们会发现，那些学习成绩好的学生，差不多都是在学习方面意志比较坚强的学生，他们能忍耐、能坚持、能控制自己的感情去做自己不感兴趣的事情。反之，有很多学生，虽然很聪明，但学习成绩却不佳，或者严重偏科，他们的问题往往出在意志上。他们怕苦、任性，而怕苦和任性往往是意志薄弱的典型表现。

对于孩子来说，有坚强的意志力太重要了。意志薄弱对任何人都是致命的弱点，意志薄弱不只影响孩子的学习成绩，它还会影响孩子一生的发展。杰出人物几乎都是意志非常坚强的人；而几乎所有违法犯罪者都是意志薄弱者，他们控制不了感情，抵挡不了诱惑。

孩子做事拿不定主意、犹豫不决、不果断是意志薄弱的表现。究其原因有以下两种：

一是成人过于保护，孩子依赖性强。成人出自"好心"，唯恐委屈了孩子，一味包办代替或过多干涉孩子的事情。这样，孩子就没有独立做事的经验，一旦遇事让他拿主意时，他就会不知所措，总是祈求别人的帮助。

二是成人要求过分严格，孩子自信不足。父母望子成龙心切，对待孩子往往期望过高，总是不满意孩子的表现，这样就会赞许少，批评多。有的父母还让孩子做力不能及的事，又不帮助他，结果使孩子常常感到失败的痛苦，因而孩子会失去自信，害怕做错事，更拿不定主意。

古往今来，凡是成就大事的人，都是具有坚强意志的人。所以，对于家长来说，就应该从小培养孩子的意志力，为孩子将来的成长奠定基础。而良好品质的培养必须在家长的指导下进行，并且，家长还要根据孩子意志品质的发展特点进行具体指导：

凡是孩子自己能做的事情，家长绝不要插手，更不能包办。如果一时搞不清孩子是否能做到，应该让他先试一试，然后家长再决定是否去帮、如何帮、帮到什么程度。很多时候，孩子经过自己的努力能做到的事情，哪怕家长只多帮一分，都是在阻碍孩子意志力的发展。因为他们总怕孩子受委屈，他们心软。这种"心软"其实是家长控制不了自己的感情，意志薄弱的表现。

由此可见，要想使孩子意志坚强，家长自己首先就要做一个理智的、能保证自己的"爱心"不到处泛滥的人。

学会"撤退"。当孩子遇到确实解决不了的问题时，家长不要硬逼他完成，要"撤退"。"撤退"不等于"败退"，"撤退"之后要想办法查找孩子的问题到底出在哪里，然后加以解决。明明打不胜的仗硬要打，很容易摧毁孩子的意志。

延迟满足。对孩子的合理要求，只要情况允许，最好也不要立刻满足，要让他等一段时间，让他学会忍耐，让他知道这个世界不是他一个人的，他所要的东西不是立刻就可以到手的。要磨他的脾气，炼他的性子，使他变得更有弹性，更有耐心，这对孩子做事是非常重要的。特别是在学习方面，因为学习是慢功，不能一蹴而就。

学会拒绝。对孩子的不合理要求，家长必须学会拒绝，否则就是在鼓励孩子放纵自己。这方面特别要注意的是父亲和母亲要互相通气，保持一致，以免孩子钻空子。绝不可以认为谁满足孩子的一切要求谁就是爱孩子，那样只会使孩子更任性，任性也是学习成绩不好的最重要的原因之一。

给孩子找点需要长期坚持的事情做。例如天天扫地、照顾邻居老人、坚持晨练、写日记等等，至少要能坚持一个学年。这种事对培养孩子意志作用非常大。不过要和孩子商量，不要硬派，让孩子自己下决心去做。如果孩子半途而废，家长千万不能发火，要再给孩子一次机会。培养坚持性本身就需要家长有忍耐性，不能急于求成，更不要讲什么大道理。培养意志靠的是行动，而不是说教。

总而言之，能否培养孩子毅力，这是对家长教育艺术的考验，更是对家长毅力的考验。意志坚强的家长才能培养出有毅力的孩子。

第二章

习惯决定命运

习惯往往是在不自觉中支配人的行为，因此，好的习惯可以让你在不自觉中做对事，坏的习惯则让你在不自觉中做错事。于是，一个人往往在不自觉中走向了命运的不同归宿。认识到习惯对于命运在一定程度上的决定作用，父母在培养孩子习惯的过程中才能发挥更加积极的作用。

1. 再小的坏习惯也不能放纵

孩子身上常有些小的不良习惯，孩子自己认为是小事一桩，父母也觉得没什么大不了的。这种想法是大错特错的，不良习惯就该及时纠正，否则将来小小的坏习惯也可能带来大问题。

留心观察，你会发现很多的孩子在一些日常的细小行为习惯上都不加注意，我国社会经济日渐开放，与外国的交流越来越密切，而这些根深蒂固的习惯却在影响着我们走向世界的脚步。

有一个小伙子长得高大英俊，中专毕业后，进入了当地的一家高档宾馆当服务员。

有一天，他从总经理门前走过，被头发斑白的总经理叫住了："小伙子，过来。"他一看总经理叫他，心里顿时觉得挺激动。在五星级饭店，一个总经理不大容易跟一个员工交谈的。

总经理问："小伙子，你会走路吗？"

"当然会呀，我这不就是在走路？"小伙子满脸疑惑地回答。

总经理说："那你走一遍给我看看。"

小伙子两个肩膀一高一低，脚拖着地摇摇晃晃地走了一个来回。总经理说："走路就要有走路的样子，你这样两个肩膀一高一低，晃来晃去，是不是不太好看？你站着，看我来给你走一遍。"

总经理已经是快 60 岁的人了，但是身板硬朗，精神矍铄。只见他挺胸抬头，目视前方，稳稳当当地走了一个来回，然后告诉小伙子："这叫走路。给你一个星期的时间回家练习走路。练好了，你就来上班，练不好，就不用再来了。"

看到这里，不知各位家长有没有一种幡然醒悟的感觉，在对子女的教育上，你们是否刻意地去培养过孩子这些细微的小习惯吗？

不良的习惯是束缚在孩子身上的无形枷锁，严重地阻碍着他们的进步，因此，父母应将纠正孩子不良习惯当作家教中的一项重要任务来抓。

（1）对症下药

每种不良习惯的形成都有其内在和外在的原因，在纠正时，要明确孩子不良习惯的根源，对症下药。否则，不良习惯不但不能被改正，反而会愈加严重。例如，同样是学习磨蹭，原因却很多，有的孩子是对学习没有兴趣，有的是时间观念淡薄，有的是个人性格所致，有的则是对老师和父母的消极对抗。为此，父母要根据每个孩子不同的情况，采取有针对性的措施。比如有的要培养孩子的学习兴趣；有的要加强孩子的时间观念；有的要完善孩子的性格等。

（2）及时纠正

习惯是一种固定的行为方式，形成的时间越久，纠正就越困难。因此，在孩子不良习惯刚刚形成或萌芽之际，父母就应及时予以纠正，不要等恶习难改时才引起重视。父母平时对孩子的不良习惯要有警惕性，一旦有不良习惯的苗头出现，就及时抓住，及时纠正；越及时，效果越好。

（3）消极练习

消极练习法是指要求孩子有意地、认真地去做原先那些无意识的不良习惯，使他自己清楚地了解不良习惯的行为进程，增强对它的意识程度，降低其自动化程度，从而克服这些坏习惯。如某孩子有吸吮拇指的不良习惯，父母建议他每天做六次消极练习，每次都对着镜子连续吸吮拇指三分钟，同时必须认真"欣赏"镜中的自己。结果，数天后，他的坏习惯就改掉了大半。

任何一种微小的习惯都可能给孩子带来深远的影响，因此父母在生活中必须时时关注孩子的言行表现，对任何不良习惯在萌芽阶段就要及时纠正。

2. 从小养成的习惯坚不可摧

我国古代伟大的教育家孔子曾说过："少成若天性，习惯成自然。"这就是在告诉我们，一个人从小养成的习惯会和他的天性一样自然，这个时期养成的习惯是坚不可摧的。

习惯成就性格，而性格决定命运。很多成绩斐然的成功人士之所以敢扬言，即使现在一败涂地，他们也能很快东山再起，就是因为他们从小养成的某种习惯锻造了他们的性格，而性格铸就了他们的成功。

在大家眼里，爱迪生确实堪称天才，他是人类历史上最伟大的发明家，一生共创造了 1093 项发明，包括白炽灯泡、留声机、电影等。这些成就让我们普通人望尘莫及，然而他本人却把这些归功于勤于思考的习惯。

他说："就像锻炼肌肉一样，我们同样可以锻炼和开发我们的大脑……恰当地锻炼、恰当地使用大脑，将使我们的思维能力得到加强和提高。而思维能力的锻炼，又将进一步拓展大脑的容量，并使我们获得新的能力。"爱迪生进一步解释道："缺乏思考习惯的人，其实错过了生活中最大的快乐。不仅如此，他也会因此无法最大化地发挥和展现自己的才能。"爱迪生明白，正是勤于思考的好习惯，让他把自身更多的潜能开发了出来。

除了勤于思考的习惯，每个成功的人背后都还有一个或者很多个助他成功的好习惯。事实上，我们可以看到，拥有越多越好习惯的人，他成功的可能性也就越大。

让我们来看看诺贝尔奖奖金获得者是如何讲述他们成功的秘诀的：

采访中，当记者问到他们在哪所大学、哪个实验室学到了人生中最宝贵的东西时，一位白发苍苍的学者出人意料地回答说是在幼儿园。在幼儿园学到了什么呢？学者回答："把自己的东西分一半给小伙伴们；不是自己的东西不要拿；东西要放整齐；吃饭前要洗手；做错了事情要及时道歉；午饭后要休息；要注意观察周围的大自然。从根本上说，我学到的全部东西就是这些。"

另有一位科学家说：在实验室，没有"我"，只有"我们"，一切伟大成果都属于"我们"，而不是某一个"我"。这种群体意识不正是得益于从小养成"把自己的东西分一半给小伙伴们"的习惯吗？

大发明家爱迪生在实验室里工作时井然有序，连助手不慎把一个烧杯转了个儿，他都严肃地指出，并说："最小的一点错误会导致最大的损失。"这话不正是来源于幼儿园里的那句"东西要放整齐"的教导吗？

由此可见，从小养成的良好习惯对人一生有多么深刻的影响。这种影响将伴随孩子们的一生，无论学习还是生活，做人或者处世。它以一种无比顽强的姿态干预着你生活中的细枝末节，从而主宰人生。对于孩子来说，要成就学业、事业，要拥有美好人生，必须养成好的习惯。

某地一家企业招工，报酬丰厚。应聘者皆是一些高学历的年轻人，6 位佼佼者经过重重关卡，顺利到达最后一关。最后一关是总经理面试，6 位年轻人在办公室等待总经理的面试。秘书进来说："总经理临时有点急事，让你们等他 5 分钟。"秘书走后，几个年轻人立刻围住老板的办公桌，东翻翻，西看看。5 分钟后，总经理回来宣布："面试结束，很遗憾，你们都没有被录取。"

年轻人倍感迷惑："面试还没开始呢！"总经理说："刚才我不在时你们的表现，就是面试。本公司不能录取随便翻阅领导人文件的人。"年轻人全傻了。从小到大，没有人告诉他们这一常识，更谈不上习惯养成。而这一不经意的行为致使他们丢掉了一个好工作。

还有一位在美国留学的学生，教授让他一个人在实验室做实验。他一看实验室有电话，以为可以白打谁也不会知道，一个小时内打了 36 分钟的电话给家里、给朋友。后来他被开除了。

类似这样的坏习惯在很多孩子身上都不同程度地存在着，而关键的一点是，他们自己并没有意识到，这些坏习惯在时刻阻碍着自己走向成功。他们对自己犯下的错误茫然不知，而此时恶果已酿成了，原因就在于他们的这种坏习惯已经根深蒂固，并且自身从未发觉到它的恶劣性，以至于在对自身命运意义重大的面试这一关上也不自觉地表现了出来，从而丧失了好机会。

坏习惯是一种藏不住的缺点，这种通过潜意识表现出来的自动化的行为，自己看不见，而别人却能看得见，即使发生的这种行为并不一定是他自己希望的行为，但是一旦成了习惯，便身不由己，经常在不经意间铸成恶果。

有一篇颇具震撼力的调研报告，标题是《悲剧从少年开始》，是对115名死刑犯犯罪原因的追溯调查。

调查表明：这115名死刑犯从善到恶绝不是偶然的，他们身上无一例外地存在着诸多坏习惯，这正是他们走上绝路的潜在因素，是罪恶之根。这些人的违法犯罪均起于少年时期，其中的30.5%曾是少年犯，61.5%少年时犯有前科，基本都有劣迹。他们从小就有不良习惯，而只要这种潜在因素得不到改变，他们迟早都有走上犯罪道路的危险。

通过调查分析，他们身上的这些坏习惯主要表现在以下几个方面：不爱学习、不懂礼貌、不守法；贪吃好玩、好奢侈、爱享受、自私自利、任性妄为；重"哥们义气"、自作聪明、我行我素、显赫逞能、亡命称霸；伦理错位、黑白不分、是非颠倒、荣辱不清。

一切都是自童年开始。不同的童年造成了杰出青年与死刑犯青年之分，更造成了先进青年与平庸青年之分。而这"不同"的基本点之一就是行为习惯的不同。

从小养成的习惯在某种意义上来讲是坚不可摧的，因此我们一定要努力帮孩子养成好习惯。如果因为疏忽使孩子养成了不良习惯，那么就要及时纠正，因为儿童时期也是矫正不良习惯的最佳时期。

3. 早期家庭教育要做好

中国有一句俗话，叫做："三岁定八十。"一个孩子的心理状态和性格习惯在三五岁时就已经决定了，因此早期的家庭教育一定要做好。

培根说："毫无疑问，幼年时期开始的习惯是最完善的，我们称之为教育。教育其实是一种早期的习惯。"

日本古代驯养名莺的方法就很好地说明了这个道理。据说，野生幼莺在很小的时候，驯莺人就把它从巢穴里捉来进行周密训练。这些野莺的身旁，通常放着一只名莺，名莺的欢叫异常优美。驯莺人这样做的目的是让幼莺每天都能听到名莺的叫声，使野莺也能叫出美丽的声音。

其实，不管是幼儿还是幼莺，如果在幼年时期就对他们施以良好的教育，培养良好的习惯，他们就会深深记住这些内容，一辈子都不会忘记。

为什么古今中外的教育理论都强调习惯要从小养成呢？这是因为儿童时期是习惯养成的关键时期。孩子小的时候，就像一摊铁水，可以浇铸成各式各样的形状。等孩子长大后，这摊铁水冷却了，再改变就困难了。

孩子年龄小的时候，具有很强的可塑性，比较听话、好训练，因而培养各种良好习惯最容易见效，因此，养成教育中极为重要的一个环节，就是抓住习惯养成的关键期，对孩子进行各种良好习惯的培养，这个时期如果培养得好，以后只要顺其自然，他就可以成为社会的优良分子；假若这个时期没有教育好，那么，以后再进行矫正就困难了。

研究表明，幼儿期（3岁~6岁）、童年期（7岁~12岁）、少年期（13岁~16、17岁）都是行为习惯养成的重要时期，特别是幼儿期和童年期更为关键。

现代心理学的研究已经探明了人的某些具体素质和能力发展的关键期。

比如，3 岁～5 岁是儿童语言发展的关键期，也是音乐才能发展的关键期；3 岁～7 岁是儿童动作思维发展的关键期；而 12 岁～15 岁是儿童逻辑思维发展的关键期，等等。因此，在习惯的培养中，我们应该适应儿童身心发展中的这些规律和特点，在儿童素质和能力发展的关键期，通过教育和训练使其养成相应的良好习惯，为孩子的终身发展奠定基础。

另一方面，在青少年时期，由于身心发展还未定型，具有较强的可塑性，这一时期也是矫治不良习惯的最佳时期，甚至可以说是关键期。因此，培养良好习惯的关键期也是矫正不良习惯的最佳时期。

良好的行为习惯要从小培养，少年儿童成长中的每一天都是习惯培养的好时机。正如我国著名儿童教育家陈鹤琴所指出的那样："教育一个人要从小就注意起，讲话怎样讲，批评怎样批评，做人的态度，对人的礼貌，以及一切的一切都要从小养成。外国有句话说：'开始做得好，一半做到了。'中国的先哲也有'慎始'的教训，一种习惯之养成，莫不由'渐'而来。"

家庭是孩子成长的第一环境，是孩子习惯形成的摇篮。6 岁前的儿童与家庭的关系最为密切，因此，家庭对孩子的影响也更多、更大。

克莱恩夫妇有三个可爱的孩子，都乖巧伶俐，学习很是自觉，克莱恩夫妇因此深得邻居羡慕。

其实，孩子们良好的学习习惯是在克莱恩夫妇的用心教育下逐渐养成的。克莱恩夫妇很注重培养孩子的良好习惯。大儿子还很小的时候，克莱恩夫妇就经常和儿子围坐在一张桌子上，教孩子画画儿和识字，养成一起愉快游戏并学习的习惯。

在他们有了第二个孩子以后，一起学习的好习惯仍然保持着，哥哥读书时，弟弟就在旁边学画画儿，爸爸妈妈一有空就围在桌边跟他们一起学习。

之后，又一个小妹妹出生了，妹妹渐渐长大，也开始跟着哥哥们自觉地学习。当妹妹开始在桌上学画画时，大哥哥就到另一张桌子上去独自学习。

看到哥哥每天独自一人学习，弟弟妹妹们也跟样学样。没过多久，老二也自己找了一张专用的桌子，每天主动地学习。之后，最小的妹妹也在两个哥哥的榜样作用下，找了一张自己的桌子，开始独自学习起来。

日本的家庭教育也非常注重从小培养孩子的习惯。比如，日本的孩子在吃饭的时候，不会像我们的孩子一样坐着等爸爸妈妈把桌子、椅子摆好，端上饭来，即使是4、5岁的小女孩也知道要搬凳子，帮爸爸妈妈递递碗筷什么的。

在日本的幼稚园餐厅，你可以看到有6岁的小孩在打饭，（因为每个班的饭都要到一个大的餐厅去领）他们挎着饭筐，迈着歪歪斜斜的步子，到一个大的餐厅去领。还有的8岁孩子主动给大家盛饭，半勺倒进碗里，另半勺却倒在了地上。但是没人管他，没人嫌他碍手碍脚，这就给孩子从小培养独立的习惯创造了很好的环境。

而我国的早期家庭教育，对儿童习惯的培养则相对欠缺。这是很糟糕的一件事，父母们都应当努力创造良好的家庭环境，让孩子的好习惯在潜移默化中形成。

4. 慎始才能善终

为什么专家一再强调培养孩子的好习惯要从小做起呢？就因为习惯的养成往往是从第一次开始的。父母作为孩子的第一任老师，一定要注意"第一次"这个教育时机。

颜颜是一个可爱的8岁小女孩，她的父母非常注意对她的习惯教育。自从她会爬开始，每次摔跤，父母都不主动抱她，而是鼓励她："自己爬起来，你真棒！"

有了第一次，不管摔得多厉害，颜颜都能自己爬起来，还会拍拍小手和衣服上的灰尘。她以后会遇到比摔跤更需要自己应付的事情，父母我希望她永远记住"我能！我会！我很棒！"颜颜一天天长大，自己事情自己做的意识日益强烈，吃饭、穿袜子、戴帽子……什么事情她都要自己试一试。尽管几乎每次父母都要"返工"，花的时间比直接代办多得多，但如果第一次不给她试的机会，无异于剥夺了孩子学习、实践的权利。

有一次，妈妈带她去修鞋。鞋匠给顾客准备了一张小凳子，颜颜坐在凳子边儿，拍拍空出的一大半地儿："妈妈坐这儿！"妈妈感动得一时说不出话来，修鞋的老师傅夸道："嗬，这么小就知道心疼人了，真不错！"颜颜一听，又得意又害羞，小脸都红了。这是颜颜第一次会心疼妈妈，也是第一次听到"心疼人，不错！"这个评价，以后再要她为别人做什么，一提"心疼人"她就很乐意。

颜颜个子高，所以每次出去玩儿，都鼓励她不要大人抱，自己走。一次去动物园前，爸爸先和颜颜讲好条件——就是自己走。可一下车，颜颜习惯性地说："爸爸……爸爸要……"颜颜的父亲蹲下来，故意问她："你要干什么啊？"颜颜涨红了脸，仿佛经过了"激烈的思想斗争"，不十分情愿地说："爸爸……牵着！"

面对孩子的童稚，颜颜的父亲立刻意识到她第一次表现出控制意志的能力，是个了不起的进步，给予了充分的肯定和赞美，于是颜颜走得更来劲儿了。

颜颜刚上小学时，第一次放学回来，父母就不失时机地告诉她，放学后，第一件事就应该是写作业，学习完后才能玩。所以孩子从上学到现在，无论是星期天还是节假日，"学习完后再玩"已经成了孩子一种良好的行为模式。

学习完后，将桌椅、书包整理好，睡觉前看几页课外书等习惯，也已经成了颜颜生活的乐章中不可缺少的音符。这一切都源于做父母的"第一次"的指导，所以，只有不轻易放弃第一次，才会有第二次、第三次……

对于第一次的坏习惯，一定要及时纠正。一天，颜颜的奶奶买西瓜回来复秤，生气地说："这个混蛋，少了2两！"在旁边玩的颜颜听到了，不一会儿就用上了："西瓜是混蛋！"大家都觉得好玩，哈哈大笑，颜颜就把大人的笑当成了夸奖，后来这个词就怎么也改不了了。看，第一次的坏影响多可怕！

从颜颜的故事中可以看出，几个第一次，对孩子的影响是非常大的，孩子以后是否会依赖这个行为模式一直走下去，关键就在于他第一次得到的外界回应如何。因此，父母们在培养孩子习惯的同时，要特别注重第一次。

美国著名教育家曼恩说："习惯仿佛像一根缆绳，我们每天给它缠上一股新索。要不了多久，它就会变得牢不可破。"试想，如果绳索在一开始的时候就没有缠好，即使你再缠上100道绳索，也只能越缠越歪。因此，要先打好基础，注重第一次或前几次良好行为出现后的鼓励和强化，以及不良行为出现的教育与矫正。这样，在每天缠上新的"绳索"的时候，习惯就会变得牢不可破。

习惯培养要特别重视孩子第一次出现的行为。比方说，小孩第一次骂人的时候，他就特别注意看大人的反应，大人这个时候千万别笑，如果你笑，还夸他"孩子真聪明，嘴巴真巧"，这孩子第二次还骂，而且会骂得更厉害。小孩子并不知道他的行为的后果，他只关心大人的反应。所以对孩子的第一次骂人，最好的反应就是不理他，没有人理他，冷淡他，让孩子自讨没趣，他就会明白："这不是好事情，别人都不喜欢。"以后也就不会故意去强化这种行为了。

教育家陈鹤琴对此曾有过精彩论述，他认为："无论什么事，第一次做得好，第二次就容易做得好；第一次做错，第二次就容易做错。儿童种种坏的习惯，都是由于开始学的时候，他们的教师或父母没有留意去指导他们的缘故，以致后来一误再误，成为第二天性；所以要把小孩子教得好，必定要在第一次的时候教好。因此，对于第一次的动作，做父母和教师的要格外留意指导，以免错误。"

"第一次"是养成良好习惯的开端，"第一次"也是形成不良习惯的开始，因此父母们必须把握好第一次的习惯教育，只有慎始才能善终。

第三章

好的学习习惯比好的学习成绩更重要

习惯重要还是成绩重要？在许多父母眼里答案是不容置疑的：当然成绩重要，有了好成绩才会考入好学校，也才会有远大前程。事实上这种理解相当狭隘，古人说授人以鱼不如授人以渔，好的学习习惯就是一种高效率的工具，而有了这一工具，好成绩不过是囊中之物。

1. 做好预习才能掌握学习主动权

有句话叫做"有备无患"，意思是做好准备、成竹在胸后，做起事来才能应对自如。在学习上也是这样，如果你想提高孩子的学习质量和效率，就一定要让他养成做好课前预习的好习惯。

一位获得全国数学竞赛第一名的小学生在谈自己的学习经验时说："如果要说我学习效率高的话，首先应得益于我良好的课堂学习习惯，课堂学习的高效率是其他任何形式的学习所无法比拟的。"事实证明，课堂学习是孩子学习的重中之重，养成良好的课堂学习习惯就显得尤为重要。应认真做好课前的准备工作，学会在课堂上聚精会神地听讲，仔细做好课堂笔记，敢于提问，善于表达，紧跟老师的思路走，从而提高自己的课堂学习成绩。

课前准备直接关系到课堂学习的质量。有的孩子课堂学习效率低的原因并不在于课堂上如何如何，而在于课前没有做好充分准备。

许多孩子往往忽视学习过程中的课前准备这一细微环节，导致不好的学习状况始终得不到改善。专家认为，这就是课前没有预习所导致的后果。

对孩子来说，知识的准备主要是通过预习来实现的，应该说它是决定听课效率高低与否的最主要因素，是最为重要的课前准备工作。由于在预习过程中了解了新课的学习内容，排除了听新课的知识障碍，课堂学习也就主动多了。

实际上，与老师的课堂授课相比，预习是一件很有创造力的事情，当然并不是说课堂授课是缺乏创造力的。但是，几乎所有的课堂授课都是群体的，而预习，对我们来说就是个人的事情了。在没有老师介入的情况下，大脑对待学习的知识往往会有自己的看法，因为很多时候，自己的想法和教师的授课内容是两回事情。例如学习鲁迅先生的文章，老师的讲授会让我们对作品的结构、思想内容有更深的理解，然而像写作背景、整体感觉等等在预习的时候都可以有所把握。背景资料这些丰富而具体化的东西，无疑会对课文的整体把握起到积极作用。而对文章的整体感悟，单纯依靠课堂讲授是远远不够的。

但是我们也应该知道，养成好的预习习惯一定要有科学的预习方法，这样学习起来才会事半功倍。

笑笑是个小学三年级的孩子，他是一个勤奋好学的学生，但是上课的时候，总是默默无闻，很少主动提出问题。

笑笑自己也非常纳闷，他想："我和同学们一样都非常认真的预习，可是同学们上课时总能提出很多问题，我怎么就提不出来呢？"

于是，他找到了老师咨询，老师笑着说："预习确实很重要，但预习也要有方法，不讲方法的预习是在白费力气啊！"

老师告诉笑笑，兵书上讲"知己知彼，百战不殆"，上课也应该像打仗一样，要对课上所学的东西做到心中有数，才能取得学习上的主动权。做到这一点最好的办法就是课前进行科学的预习。所谓科学预习就是要在巩固旧有知识的基础上，积极探索新知识，发现疑问，以做到心中有数，为进行新一轮的学习而进行准备。预习的最大好处是有助于形成学习的良性循环。预习会使人变得积极主动，而只有站在主动进攻位置上的人才容易打胜仗。可见，只要抓住了预习，就抓住了提高的关键。

那么，什么样的预习方法才是科学有效的呢？

①要认真学习。先将教材粗读一遍，领会基本大意，然后再反复细读。细读时，可用彩笔在课本上初步勾画出重点、难点、疑难问题。

②要认真思考。预习时要运用已有的知识、经验及有关参考材料，进行积极的思考，多问几个为什么，弄清新旧知识的内在联系和新内容中的每一个概念、定律、公式等。若有初步的体会和感受，也可适当地作点批注。

③要适当地做些习题和进行实际操作。预习后，可适当地做些练习题，以便及时检查预习的效果和巩固、深化知识系统。如有可能，还可做些必要的操作，现场观察、调查研究等，从而为上新课做些必要的准备。

④要认真做好笔记。写预习笔记是预习过程的一个重要环节，我们一定要引起重视。具体来说，预习笔记主要包括五个方面的内容：一是每一课或每一章节中的重点结构或提纲、摘要；二是每一课或每一章节中包括的几个紧密联系的主要问题；三是尚未解决的疑难题；四是所查资料中有关内容的摘抄，并注明出处；五是心得体会。

除此之外，有两个问题是在预习时必须要注意的：

第一，要根据自己的实际情况挑选科目预习。

预习的好处固然很多，但需要一定的时间，为了保证预习的质量，我们最好先从基础学科或个人感到困难的学科中选出一两门进行试点，当取得一定经验和成效后，再逐步展开。对于个人的优势学科或较易掌握的内容可以不预习或少预习。

第二，预习时间的长短，要根据自己的学习计划及当时学习的实际情况而定，时间的安排要服从整体计划。

预习的时间要根据实际可能来安排，不要因预习占用过多的时间而打乱了学习的整体计划。时间多时，可多预习一点；时间少时，可少预习一点，钻得浅一点。有些疑难问题解决不了是正常现象，预习不可能将全部新内容都钻透。

需要提醒家长们注意的是，预习不能代替听讲，即便是在预习时已经掌握的东西，仍不要忘记督促孩子上课时仍要专心听讲，听听老师的分析思路，提高自己分析与解决问题的能力。

2. 学习一定要专心致志

生活中，很多孩子之所以无法取得好成绩，就是由注意力不集中导致的，坐在书桌旁发呆或者手捧书本想入非非，这样的状态怎能学好知识呢？因此我们必须让孩子从小养成专心致志的好习惯，专心是学习知识的前提和保证。

一个成绩较差的小学二年级的学生说："学校教的课程太枯燥，没趣味，上课我也不注意听讲。放学回家，我妈妈虽然逼我复习，但我心不在焉，复习的时候，我总想电视里动画片的事，什么都记不住，考试成绩不好，总挨我妈训斥。但我一看动画片就上瘾，别的什么都忘了，动画片里的情节却记得很清楚，有时在上课时，动画片的情节还会突然在我脑海里浮现出来。"

这个孩子的问题不在于笨，而在于注意力不集中。这种情况在各年龄段的孩子中都存在。

我们经常说的分心，就是在听课时注意力被别的事情吸引过去，离开了听课的内容。例如，有个同学上课时思想上开小差，当老师叫他的名字的时候，他竟然没有听见，一脸漠然，或者东张西望，甚至问他的同桌："老师在叫谁啊？"结果引起全班同学的哄笑。

上课分心就无法专心理解老师讲课的内容，是学习的最大障碍之一。要想克服分心的现象，必须首先了解分心的原因。

第一，外部环境刺激往往是引起分心的主要原因。例如：突然下雨了，同学们都没有带雨具，老盼着雨停，因此上课时常向外看；讲台上的粉笔掉在地上了，爱淘气的同学小声说了一句："地震了！"引起其他同学的不安；教室外体育课上不时响起的哨声，使一些同学想起了昨天晚上那场精彩的足球赛，虽然人在教室里坐着，心早就跑到足球场上去了……

在课堂上发生的一些事情也会使我们分心，而且影响可能会更大。例如：有的学生不服老师的教育和管理，与老师吵了起来；有的同学说悄悄话，使旁边的同学无法正常听课；在课堂上学生之间因为一点小事吵了起来，使老师无法讲课……

第二，心理原因也是引起分心的重要因素。有些同学在上课的时候老是想起自己曾经经历过的、有趣的事情。例如：有的学生脑子里浮现出了前一段时间看的电影或电视剧的画面，想到精彩处竟忍不住笑出了声音，有时还情不自禁地与旁边的同学讨论起来，不仅自己不能听好课，也影响了别人的听课。

有的同学在课上总是想自己课下将要做的事情。例如：晚上要跟家人去亲戚家做客；过两天的校运动会自己应怎样跑才能为班级争光……

第三，身体不好或精神不振也是引起上课分心的原因。比如，有些同学没有吃早点的习惯，到第三节课就饿了，怎么下定决心也提不起精神；有些同学晚上看电视看得太晚了，睡眠不够，上课时趴在桌上睡着了，还尽做一些奇怪的梦；也有些同学体弱多病，感冒了，咳嗽了，影响了听课的效率……

好的习惯是需要培养的，孩子年龄小，可塑性极高，只要经过训练，就一定能够养成专心致志的好习惯：

（1）克服外界干扰，养成闹中取静的学习习惯

在学习中，常常有不少内外因素的干扰，使我们难以集中精力学习。良好的环境固然重要，但这不是解决问题的根本办法，有些客观条件是我们所不能改变的，因此掌握"闹中取静"的本领更加重要。

这种本领完全是通过练习而锻炼出来的。比如，有人为了锻炼"闹中取静"的本领，就故意蹲在繁杂的集市或公园看书。当然，开始时会遇到许多困难，但只要坚持下去，就会取得成功。在现代的城市生活中，我们可能会遇到更多的刺激，如汽车、电视等的声音，吵闹声、工地施工的声音等等，如果改变不了这些外界刺激的话，千万不要心浮气躁，一定要静下来，投入到学习中去，不去想它。可能过一会儿你适应了之后就感觉不到它了。

在吵闹的环境里，为了抵制分心，你可以根据不同的时间、地点和条件，采用不同的学习方式，阅读不同的书籍内容。具体说来，可以这样做：

①在安静的环境里，可以默读，而在嘈杂的环境里，就采用朗读和记笔记的方式来对付；

②在安静的环境下，读课文、做练习，而在喧闹的环境下，看看文艺作

品、读点报纸杂志等；

③利用安静的环境精读、细思，而在纷乱的情况下，粗读、浏览等。

（2）加强意志锻炼，做支配注意力的主人

在学习中我们除了会遇到外界的刺激外，还会受到内部因素的干扰，如情绪低落、身体欠佳、不良习惯等，这些更容易使我们分心。因此，我们要学会以坚强的意志同一切干扰作斗争。汉朝杰出的历史学家司马迁，在遭受宫刑后，仍忍受屈辱，在极其恶劣的情况下，用坚强的意志控制自己的情感，集中精力撰写史书，经过十多年的艰苦劳动，终于写成了"史家之绝唱，不韵之离骚"的巨著——《史记》。

（3）注意休息

人在疲劳的时候是很难集中注意力的。所以我们必须养成良好的学习习惯，学习时全力以赴，休息时尽情娱乐。

（4）跟上老师讲课的节奏

在听课时如果你遇到了听不懂的内容，这时千万不要停下来卡在那里，脱离教师的讲课轨道，这时候你应该在不理解的地方做个记号，然后接着听老师的讲课内容。等下课后，再去向老师或同学请教不理解的问题。

（5）放松心情

如果你在上课时，老是胡思乱想，静不下心来，那么，这时候你就先不要强迫自己听课，而是闭上眼睛，全身放松，缓慢呼吸，尽量排除其他念头，全神贯注数自己呼吸的次数。大约3分钟后，再开始听课，这样你就会集中你的注意力了。

专心可以调动整个大脑神经系统来高效率地学习，而分心就会降低学习效率，甚至对本来可以弄懂的问题感到迷茫。每个孩子头脑里都有专注的成分，只要耐心引导一定能养成专心致志的好习惯。

3. 潜心观察会有更多收获

眼睛是"心灵之窗"，而我们要做的就是擦亮"心灵之窗"，勤于观察、潜心探索。而良好的观察能力是提高整个学习能力的重要途径，更是增长知识、了解世界的重要途径。

善于观察的习惯对我们意味着什么？实践证明：学生观察力的强弱对学习的好坏有直接影响。如在语文拼音、识字教学中，有些拼音、生字的字形和写法只有细微差别，观察力较强的孩子一眼就能看出来，而观察力较差的孩子就常把它们认错或写错。

1975 年出生的任寰，被认为是神童，7 岁写诗，9 岁发表作品，10 岁出版第一本诗集，12 岁加入河北省作家协会，18 岁考入北京大学中文系。至今已出版诗、文集 7 部，发表各类文章近 500 篇，多次获国际、国内文学奖。

任寰小时候不爱说话，这与她从小患过敏性哮喘有关。每次住院、打吊针、输氧，她也不多话。这种生活使她自然形成了善于用眼睛观察的习惯。

任寰上小学二年级时，就经常观察、描写大自然。上小学三年级时，就学会了注意观察人物，体察人的心理，进而观察思考社会和人生。《10 岁女孩任寰诗文选》就是她观察、思考生活的结晶。著名诗歌评论家谢冕称她的诗具有思辨性。

巴甫洛夫说过，在你研究、实验和观察的时候，不要做一个事实的保管人。你应当力图深入事物根源的奥秘，应当百折不挠地探求支配事实的规律。这就是说，巴甫洛夫主张观察不但要准确，而且还应达到能透过现象看本质、力图深入事物奥秘的程度。

达尔文曾自我评价说："我既没有突出的理解力，也没有过人的机智。只是在察觉那些稍纵即逝的事物及对其进行精细观察的能力上，我可能在众人之上。"

杜邦公司化学家卜莱克博士做了一次实验。打开试管后，他没有看到自己希望得到的东西，看来实验失败了。但是，他并没有像其他人那样随手把试管丢掉，而是仔细地观察试管，觉得里面好像有一种东西，但又没有看到。他觉得很奇怪，就放在天平上称了称这个试管，结果发现它比同型号的试管要重些。他更好奇了，又仔细地观察了之后，他发现了非常透明的特弗伦。这种物质日后为杜邦公司创造了很大的财富。

这些人，他们在某一时刻突然受到了启发，或是发现了某种意想不到的事情，都归功于善于观察。

实际上，他们为了这一天的成功也许已经潜心留意周围事物多少年了，这正是他们本身素质的体现。要知道机会只留给那些为了寻找它而不断探索的人，只要我们专心致志于周围有趣的事物，成功就会降临。

既然观察是如此重要，那么如何培养观察力呢？培养观察力要注意以下几方面：

（1）观察时要目标明确

观察是一种有目的的观看、感知活动。试验证明，课堂学习中，如果课前学生明确本次课的目的，学习效果良好，如果不知目的，盲目地跟从老师，那么效果就会很差。因为有明确目的就能带着任务去观察、去聆听。

有人做过这样的实验：一个老师带着几个小学生到一家餐馆去吃饭，找了一个靠门口的地方入座。老师对学生说，等一会儿老师会来找你们，你们几个留意进出餐馆的人。十分钟后，老师问学生：刚才餐馆一共进来了几个人？他们都长什么模样？学生们回答都是某某老师没有来。但到底进来多少人，什么模样没有一个学生能回答清楚。这时老师又说："现在大家再观察十分钟，回去以后以《食客》为题写一篇作文。"后面10分钟学生观察都比较仔细。在作文里不但写出了这段时间里来就餐的人的外貌、性别等，还写出了人物的性格特征。这说明，观察有无目的，其结果大不一样。

明确目的就是要弄清观察什么，为什么要观察这两个问题。观察者的态度积极与否，对观察能力影响极大。一个人如果有强烈的事业心和积极学习的态度，那么，万千事物对他来说就是一本宽广无垠的"活书"，其中处处有数学、物理、化学等知识，处处有使人惊讶和值得观察思考的奥秘。反之，他可能对一切事物都态度冷漠，视而不见，充耳不闻，观察力势必陷于迟钝。

（2）观察时头脑要活跃

观察能力强可以促进知识的获得，而丰富的知识又可以提高观察能力，捕捉到不易发现的重要现象，并能使观察不停留在感性认识的低级阶段。

例如打开盛放浓盐酸的玻璃瓶盖子，看到瓶中冒出白色的烟雾，如果不懂得盐酸有关知识，就可能得出"盐酸挥发出白色气体"的错误结论。只有懂得浓盐酸的相关知识，才能知道挥发出的氯化氢气体本是无色的，之所以变白，是因为吸收了空气中的水而形成了白色的酸雾。这样，观察才能正确反映物质变化的本来面目。

在观察过程中，对出现的各种现象，应多问几个为什么。对观察中出现的每一种变化，都要彻底弄通弄懂，使这些感性认识通过思考上升为理性认识。例如看见金属钠被泡在煤油中保存，如果不去思考，对这一现象就说不出所以然来。如果积极思考，问一问为什么不能放在空气中，能不能放在水里保存等问题，就会使你联想到金属钠活动性极强这一特性，掌握钠的一系列性质。

（3）观察一定要细心准确

有一个化学教授曾做过一个精彩表演：他拿了一个装有煤油、蓖麻油和醋的混合溶液的玻璃瓶。伸进一个指头蘸了沾，然后把指头伸进嘴里，好像用舌头尝混合液的滋味似的。然后把瓶子递给他的学生，让他们照着做。

这些学生照老师的样子，果真一个个都尝了起来，不是蹙眉皱额，就是呕吐不止。可见，他们尝的绝不是什么美味。这位教授告诉他们说："我是在考你们的观察能力，看你们观察仔细不仔细，我伸进瓶子里的是中指，而伸进嘴里的是食指。"学生们一个个面红耳赤，羞愧难言。但从此，这些学生都非常注意观察了。

这说明，观察时，要专心致志，对事物的形状、位置、变化过程等每一个细小的地方都应该准确无误地反映到大脑之中，这样才能获取科学的知识。

（4）观察方法要科学

观察方法十分重要，特别是整分合观察和对比观察，同学们一定要掌握。

整分合观察就是先整体观察，然后再从不同的角度进行观察，观察事物的各方面、各种特性，最后再观察它们之间的联系，从而对事物有一个整体的认识。例如要想掌握人体解剖知识，就应当首先观察人体的整体形状；再将人体结构分成各大系统，分别进行观察；各系统再分为各个器官分别进行观察；然后观察各器官、各系统之间的位置和联系；最后再回到对人整体的认识。

对比观察是改变两个相同事物当中一个的存在条件，看它会发生什么样的异常变化。例如观察种子的发芽情况，同样湿润的种子，一部分放在常温下，一部分放入冰箱中控制低温，结果发芽时间不一样，我们就可以获得该种子发芽时间与温度变化的有关知识。

观察还要有恒心，有时要坚持重复、长期地观察，因为有很多事物发展很快，观察的速度跟不上，还没有观察清楚就消失了。所以做实验时，我们要一再重复，直到观察的结果明确、可靠为止。有的事物发展过程很慢，周期很长，这就需要进行长期的观察。例如遗传学家孟德尔做了八年豌豆的杂交试验，观察了八年相对性状的遗传现象，才发现著名的分离规律和自由组合规律。

（5）观察时一定要做好记录

对观察到的现象要认真地记录下来，以便进一步研究。因为观察到的感性知识不见得立刻能上升为理性知识，原因有可能是知识和能力的问题，也可能是观察到的感性材料还不够，需要继续积累。所以要及时记录下来，便于以后有可能继续进行观察和研究。另外，观察时，各种现象数据很多，光凭记忆不可靠。应记下来避免遗忘，以便将来准确地使用这些观察结果。记录一定要真实，不能凭主观想象乱修正。不少学生在实验时不尊重观察的结果，任意修改，人为地制造"数据"，这是一种极不严肃的学习态度。

观察是一个人最基本的能力，从小培养孩子善于观察的习惯意义重大。现在我们需要用观察激发求知欲，而长大后无论从事什么工作我们同样需要观察来获取信息，求取成功。

4. 自觉学习成绩才会更优秀

很多孩子在学习上都缺乏自觉性，总是要让父母三催四请才肯学习，以这样的态度去学习又怎能学好呢？只有从小培养自觉学习的习惯，才能积极进取，取得好成绩。

学习就是充分发展自己，而课堂教学为你提供了最有利的条件。我们应当充分珍惜课堂学习的条件，自动自发地学习，它会使你受益无穷。

什么是自觉学习？自觉学习就是没有人要求、强迫你，自觉而且出色地做好自己的事情。

学习同样如此，只有自动自发地学习，才会取得优异的成绩。

很多家长已经习惯这样的唠叨：

"快去学习！怎么还有心思玩啊？"

"都快考试了，怎么还不抓紧时间看书？"

其实，诸如此类的"学习！学习！"的命令并不能产生多大的效果。因为学习是个人自己的事情，外界的催促和逼迫并不能产生根本性的作用。

学习不能靠别人的督促，而要靠主动的心态和求知欲。许多学生在学习时被人催促学习，可能会有逆反心理，不听家长的劝告和要求，不太想做老师布置的功课。这种情况下，学习通常都是在迫不得已的情况下完成的。这样一来，学习效果显然不够理想。

事实上，没有比做作业更好的复习方式了。与其勉强做功课，还不如主动积极地面对，这样有助于巩固基础。还有，大部分的考试题其实都是出自作业。

让父母不再为了催促你的学习而啰唆，也不需要靠别人强迫，才能自律。如果能做到这一点，以后做作业和复习功课，甚至连预习也都能自动自发地做好，这不但能培养独立自主的信心，同时也能提高学习的成就感。

现在不少学生，学习目的性不够明确，在当被问及"为什么学习"时，不少学生的回答是"父母要我来读"，也有学生回答"为了将来找份好工作"，甚至有的学生说"我来上学是因为我爸妈要求我出人头地"，这样的学生，他们在学习上必然缺乏内在的驱动力，而处于被动、消极状态。另有一部分学生不能说他们没有明确的学习目的，没有追求的理想，但他们的学习目的是为了取得一个好分数，以求将来进一所好学校，谋得一份好职业。学习目的不明确，缺乏崇高的人生理想，是我们不能主动学习的内在的最主要原因。

刚刚是一个很听话的孩子，刚上小学的时候，学习成绩很好，一直都是父母的骄傲，可是自从上了初中，学习成绩却急转直下，他的父母非常着急，但是自己的孩子又绝对不是那种调皮捣蛋、不爱学习的学生。问题到底出在哪里呢？其实，个中原因也不难发现。小学的时候，孩子大多跟着老师和家长的指挥棒走，只要听老师和家长的话，一定会是一个好学生。但是初中和小学不同，初中要求学生在学习中不但要学会知识，更要学会学习知识的方法。"鱼"和"渔"的矛盾，使得一向缺乏学习主动性的刚刚吃了应试教育的大亏。

调查表明，一些孩子不爱学习，或者是学习不刻苦，知难而退，他们的学习动机不是为了学习而学习，而是在家长与学校的压力下学习，他们的学习目的或者是为了让别人能看得起自己，或者是为了满足父母对自己的期望，得到老师的重视，或者是为了升学、考试等等。

无论是为了自己的面子、自己的发展，还是为了报答父母等，都是把学习当作一种手段。从这一点来看，孩子们在面对学习的时候，有可能欠缺主动性。我们之所以说"有可能"，是因为有的孩子在一些目的的驱使下，也会很努力、很主动地去学习，但这种学习是存在某些功利目的的，这些目的在一段时间内的确可以促使他们努力学习、主动学习。但这种主动性的动力来源却未必能够长久。当他们的功利性目的达到以后，学习的主动性就会渐渐消失。

也有一些孩子，在经过一段时间努力之后，他们或许感到自己力量微薄，当他们认为自己不可能达到想要的学习目的时，也有可能把一段时间的主动学习变成被动学习。因此，在生活中，我们才看到那么多孩子在父母的逼迫下，无奈地学习，被动地学习，有的孩子甚至为此而逃学。

在各种学习目的中，唯有以知识作为需要，才能让自己真正热爱学习、主动学习。也就是通过学习和获得知识本身，学习者就能得到满足，知识本身就是学习的目的。

随着科学技术的飞速发展，知识呈"爆炸"型增加，科学文化知识的更新速度相当快。研究表明：科技资料的"老化半衰期"物理为 4 ~ 6 年，化学为 2 ~ 3 年，电脑硬件的更新期为 1 ~ 2 年，软作为半年到 1 年。由此可知，人的知识老化是相当快的，每个人在一生中，必须不断地进行学习，进行知识的更新和补充，以适应工作上的需要。随着科学技术的发展，人类社会也在迅速发展，国际化趋势越来越大，政治、经济、文化等领域在不断地变革，竞争日趋激烈，谁都无法在自己的青年时代就形成足够其一生享用的知识宝库。这就是人们常说的终身学习。在年少时期，养成主动学习的习惯、态度和人格特点，不但有利于这一时期的学习，也学会了如何学习，以适应不断变化发展的社会的挑战，搏击世界潮流，体现积极进取的人格特征，为终身学习、毕生发展奠定良好的人格基础。

记住，没有哪个人会因被动学习而始终取得好成绩，在学习中总处于被动的孩子将会给自己带来很大烦恼，所以，从小养成自动自发地学习习惯也是在为自己负责。

5. 能够开启你的智慧之门

书籍是孩子最好的朋友，养成良好的阅读习惯不但可以提高学习成绩，增强学习能力，同时还可以开阔视野、陶冶情操，让孩子终身受益。

当我们审视每一个成功人士的生命时，我们会一次又一次地感到总有一股力量在左右着他们的人生，这就是知识的力量。一个人要构筑自己的知识城堡需要做许多努力，但最重要的莫过于读书。而少儿时期是孩子学会读书的重要时期，更是人一生潜能发展的最佳时期，因此，一定要从小养成课外阅读的习惯。

多读书，才能丰富语言，才能提高口语表达能力和作文能力。叶圣陶先生说："小学生今天作某篇文章，其实就是综合表达他今天以前的知识、思想、语言等方面的积累。"他的话语明确指出了写作与积累的关系：积累多了，作文的表达自然也丰富了。积累从何而来？从大量的阅读中来。因为读得多了，内化为自己语言的机会就多起来了，语言积累就丰富起来，下笔也有"神"了。

可有的孩子天生不爱读书，认为读书对自己来说就是多此一举，还不如看看电视、听听音乐呢！因此就有了这样的例子：吕楠快小学毕业了，她在学校成绩中上等，但口头表达能力较强，非常惹人喜爱，亲朋好友都夸她聪明。可是吕楠喜欢和电视相伴，平时从不读书；还说读书不如看电视，看电视也可以长知识。

作家赵丽宏在其散文《永远不要做野蛮人》中不无忧虑地写道："我曾经担心，现在的孩子课外阅读的范围越来越窄，能用于课外阅读的时间也越来越少，很多人已经丧失了阅读文学名著的兴趣和欲望，而与课程和考试无关的书，他们更是难有机会涉猎。这是一个令人担忧也多少使人感到悲哀的现象。"实际上，伴随着电子产品（尤其是网络）长大的孩子，他们不但阅读时间日益减少，阅读范围日趋狭窄，而且他们的阅读兴趣也随着"读图时代"的来临而减弱，许多孩子甚至养成了排斥文字的坏习惯。他们的课余时间被影像、电子游戏和卡通占据着，文字在他们的阅读中只是一种点缀。

很多教育专家呼吁："孩子对文字的冷漠态度就像一种隐形液体，正慢慢渗透到社会之中。当逃避阅读成为习惯，孩子的阅读能力便迅速退化，从而直接影响他们的成长。"

《中国青年报》在 2001 年 8 月 6 日刊登的一篇题目为《网络与影视横行的年代，你冷淡了文字吗？》的文章中提到："只要留心，人们就会发现，如今两三岁的孩子简直都是古怪精灵，一张小嘴表达能力特强。教育学家认为，这是电视大量信息对儿童刺激的结果，电视使他们的语言能力得到开发。但奇怪的是，这些孩子长到十几岁时却大多归于平庸，读写能力尤差。"

"教育学家认为，清晰表达思想的能力，必须通过大量的阅读才能获得，而电视无法培养人们的这种能力。在与电视依存的日子里，人们养成了一种远离书籍的坏习惯，就像与一位朋友在一起待久了，他的坏毛病会传染你一样。"

楼女士家有 3 个女儿，都非常优秀：大女儿在中央人民广播电台工作；二女儿在美国攻读多媒体专业硕士，将成为中国第一个在美国获多媒体硕士学位的人；三女儿王蕤 16 岁开始在《人民文学》上发表小说，已出版多部专著、中英文小说，现任美国国务院中文翻译。楼女士说他们培养孩子的秘籍是家里的 8 个大书柜。楼女士家 3 个女儿对于课外书各有爱好：老大从小喜欢古典诗词和古典文学，被别人戏称为"王古代"；老二喜欢散文和现代文学，被称为"王现代"；老三喜欢外语和外国文学等，被称为"王未来"。因此，他们家的书五花八门，以满足孩子的需要。1997 年楼女士家被评为"北京市明星状元藏书户"，这是一份很高的荣誉，全北京市也只有 10 个家庭获此殊荣。

阅读可以使你学到课本上学不到的知识，取得长远的知识效益。有贤哲说过，读一本好书，就是和许多高尚的人谈话，一本好书，就是一位出色的教师。同时还可以从书中获得人生的经验。因为人生短暂，不可能事事都去亲身体验，书中的间接经验，将有效地补充个人经历的不足，增添生活的感受。

匀出一些看卡通、听音乐、打游戏的时间给课外阅读吧！一旦孩子养成了课外阅读的好习惯，也就等于握住了开启智慧之门的金钥匙，必将拥有一个光辉灿烂的未来。

中篇 **走出误区**
错误的方式不利于孩子良好习惯的养成

　　要想让孩子养成各种有利于人生成长的好习惯，家长必须改正一些经常使用但又十分错误的教育方式。这种教育方式在潜移默化中放大了孩子性格中的消极因素，促成了许多不良习惯的养成。

第四章

不要把表扬和鼓励作为唯一的手段

众多的教育专家不断告诉家长们，要更多地使用表扬的方式鼓励孩子，不要动辄呵斥，这会扼杀孩子的创造性并造成沟通的障碍。道理是不错，但有的家长运用起来就成了只有表扬，孩子犯了明显的错误也得不到及时、明确的批评，这会让孩子混淆是非观念，并助长其娇气的滋生。

1. 软硬兼施教育孩子

一项心理调查显示：现在孩子越来越多地有暴力倾向。7 岁到 13 岁之间的孩子，23.9% 承认自己有通过暴力解决问题的想法。这是一个令人触目惊心的数字，家长们必须明白孩子打人习惯的危害，及早通过批评教育的手段纠正这种暴力型习惯。

有这样一个男孩：他是一个聪明的孩子，成绩优异、家境优越，父母对他宠爱有加。可他却在13岁那年，用刀捅伤了同学，进了少年劳教所。后来，他对发生在自己身上的悲剧做了反思："从小到大，爸爸妈妈给我的教育就是：只要学习好，犯了什么错都不是错，父母都不会责怪我。因此，我变得很任性。可能是任性造成了我的一种霸气，我的个头在班上最高，成绩也好，同学们都很服我。上中学时，爸爸妈妈告诉我要我学习好，然后就是在外不要吃亏，不要被别人欺负。如果我吃了亏，被别人欺负了，他们肯定会认为我窝囊，没有用。记得我小时候，有一次我带了玩具飞机去幼儿园，小朋友们抢着玩，有一个小朋友玩着玩着居然不给我了。我急了，夺过飞机就朝他脑袋上刺去，把他的头刺出了血。家里赔了人家钱，我很害怕，以为回家要被处罚。哪知道，爸爸妈妈并没有责备我。我读小学四年级时打了同学，同学父母找到我家里来，我爸爸向人家赔了不是。送走了人家后，他对我说，'看这小子，懂得教训别人了。'妈妈告诉了我道理，她说，只要不被别人欺负，怎么做都行。当我去中学读书时，她对我说，现在的孩子都很霸气，你要是不让别人怕你，你就会被别人欺负。现在回过头来想想，我觉得父母对我的这些教育是不正确的，我在学校的打人习惯正是父母错误教育诱导的结果。"

这个悲剧也引起了很多家长的反思，于是他们纷纷严厉管教孩子，纠正孩子爱打人的习惯。但是家长虽然有这个良好心愿，但往往不知道怎样教育孩子，因而往往产生反效果。

天恩是个7岁的孩子，刚刚上小学一年级，不过半年来，他已经给父母惹了一大堆麻烦，为什么呢？就因为他爱打人！上学才三天，就把一个小女孩的膝盖踢破了，后来又把同学的头打破了，再后来还划伤了同学的胳膊，……为了这些事，爸爸妈妈骂过他，打过他屁股，可他还是一犯再犯。有一天，父子正在看电视，电话响了，爸爸接完电话怒气冲冲地拉过天恩，就是两巴掌，天恩委屈地大哭大叫，爸爸更生气了，"说过一百遍了，不许打人，你还敢再犯，今天打死你算了！"爸爸又打了下去，这一次，天恩竟然挣扎着用小拳头打爸爸，这让爸爸更生气了："真是太过分了，竟然打爸爸！"结果那天，爸爸狠狠地打了天恩一顿后，把孩子丢回房间去"反省"。天恩一个人在地上哭得稀里哗啦，不明白为什么爸爸可以打他，他就不能打人，最后，他得出了一个结论，那就是他不能再打同学，只能打比自己小的孩子。

这是很可悲的，爸爸的"教育"只换来了一个消极结果。这都是因为教育方式不当造成的，如果父母能用批评的方法教育孩子，那么效果一定会好很多。

批评教育是一种正面教育方式，采用这种方法的第一步就是指出错误，点明其危害。比如在这个故事中，爸爸就不应该抓过孩子就打，而应该先让孩子知道自己犯了怎样的错误，要指出打人是一种野蛮行为，是为人所不齿的，没有人会和打人的孩子玩，再这样下去，他就会失去所有的朋友。

第二步就是分析。如果孩子之间发生了冲突，父母一定要保持冷静，不要立即大声呵斥孩子，让他停止争吵，更不能因为害怕自己的孩子吃亏而护着孩子。应该让孩子自己说清楚发生冲突的原因，然后让他自己提出解决冲突的方法，或者为孩子提一些解决冲突的建议。

第三步是说理。比如，当孩子在玩自己心爱的玩具的时候，别的孩子可能过去抢他的玩具，孩子急了就会打人。这时候，父母应该教育孩子对抢他玩具的小朋友说："这是我的玩具，让我先玩一会儿，等会儿我给你玩。"或者让孩子友好地与其他小朋友共同玩。

第四步是对比。父母应当让孩子意识到，打人是一种让人多么不能容忍的行为。在孩子打了人后，就用对比法给他分析问题。例如，"孩子，如果有人打破了你的头，让你流血了，那妈妈一定会非常伤心，非常难过，因为妈妈爱你，希望你永远平安。其他的小朋友也有妈妈，他们的妈妈也爱他们，你打伤了那些孩子，他们的妈妈该有多难过啊！"这种对比可以让孩子深刻认识到自己的错误，反省自己的做法。

而第五步就是警告。父母应该告诫孩子不要用武力解决和小朋友之间的冲突。父母绝对不会原谅他的打人行为，如果孩子再犯这个错误，就将受到严厉的惩罚。

批评并非单纯的责备，更不是一棍子打死，而是综合运用比较、劝勉、激励、警告等多种形式，软硬兼施地达到教育目的。

2. 果断拒绝孩子的不合理要求

现在的孩子是"小皇帝"、"小公主"，享受到了前所未有的爱护和物质享受。然而孩子们的要求却越来越多，花样层出不穷，让父母们着实有点难以招架。父母们爱孩子的心情是可以理解的，可是一味顺从孩子只会助长孩子的任性让孩子形成不良性格，对孩子的健康成长没有一点好处。因此，父母们不要允许孩子不停地索取，在孩子提出不合理要求时就要态度冷淡地拒绝。

这是一位年轻母亲的教子心得：

我的儿子叫小凯，今年9岁，他既聪明又漂亮，从小就受到了家人的宠爱。然而这两年，我们越来越觉得这孩子太任性了；走在街上看到什么就要什么，不给买就连哭带闹，因此我们只好一次次迁就他。半年前，我去听了一个教育专家的演讲，他的一句话对我触动很大："不讲原则地迁就孩子就是害孩子。"因此我决心要改变孩子乱要东西的坏习惯。在一个星期六下午，在儿子的要求下，我答应带他去逛街。出门前，我跟儿子约定：只看不买，否则就不去。儿子满口答应："行！"不过在我以往的经验里，带儿子逛商店，儿子的眼睛一旦瞄到玩具柜台上，不管合适不合适，只要他看中就一定要买。

到了商城，像以往一样，儿子照例要光顾一下四楼的玩具区。由于有约在先，我便放大胆子带他去了。儿子兴奋地东张西望，没一会儿，一种可以远程遥控的玩具汽车便引起了儿子的注意，他便缠着我要买，我说不买。这下可不得了了，他顿时坐在地上大哭起来，边哭边说，他最喜欢小汽车，一直想要小汽车，如果不买就回去告诉爷爷奶奶、外公外婆，只要买了他就听话，以后什么也不要……以前在这种情况下，我就给他买了，但今天我却站着不动，告诉他不能买的道理。

可他根本不理这一套，咬紧牙关一个字——买！并且越哭越凶，最后，索性赖在地上不走了。这时，服务小姐及许多顾客都围了过来："现在都是独生子女，就给孩子买一个吧。"你一言他一语的，说得我真是尴尬极了，真想一买了之。可是一想起自己的计划，便又横下一条心：不买！我冷淡地对儿子说："你走不走？你真的不走？那我走。"我躲在楼梯口，很久才见儿子抹着眼泪跟了出来。

回到家里，我开始告诉儿子，他什么样的要求可以得到满足，什么样的非分之想会被拒绝。儿子似懂非懂地听着。

有了这第一次成功的拒绝后，我就继续进行我的计划，孩子的爸爸也和我站在一起，对孩子不合理的要求一律冷淡地拒绝。半年下来，孩子果然改变了不少，他的不合理要求、不良习惯少了，家长会上老师告诉我小凯是个懂事又独立的孩子。

这位母亲的教育方法是非常成功的，父母对孩子提出的不合理要求，冷淡地予以拒绝，正是对孩子负责任的表现，一味地言听计从，就是溺爱孩子、害孩子。

请看下面这个例子：

妈妈说："豆豆，吃饭了。"

孩子说："今天吃什么？"

妈妈说："米饭、红烧鱼。"

孩子说："不，我要到街上吃肯德基。"

妈妈说："可是饭菜已经做好了，我也累了，明天再去吃，不行吗？"

孩子说："不，我今天就要吃。"

孩子又哭又闹，最后妈妈屈服了，带他到街上吃肯德基。

在这个故事中，孩子对母亲提出了极不合理的要求，母亲怕孩子生气竟然顺从了孩子的要求，她这样做既损害了自己的权利，又降低了孩子的心理承受能力，长此以往，孩子的性格必然会越来越任性，可以说这位母亲的做法是非常失败的。

孩子是没有自立能力的，他的需求很自然要靠父母来满足。可今天的孩子生活在现代社会，他们不仅从父母身上，也从电视上，从大街上看到这多姿多彩的繁华世界，他们的视野宽广，他们的欲望也变得强烈。而父母们常不忍心拒绝他们的要求，千方百计予以满足。可是人的欲望永无止境，小孩亦是如此，甚至更为强烈。不要说以有限的精力、财力、时间去满足孩子无休无止、花样翻新的欲望几乎是不可能的；就连对孩子的需求全部都予以满足的想法本身就是一种大错误。过于迁就孩子，等于间接促使孩子养成随心所欲、唯我独尊的不良性格，势必导致他们在日后迈入社会，进入实际学习、工作、交往中碰得头破血流，甚而误入歧途。

因此，在生活中，父母千万不要迁就孩子的不合理要求。对孩子非分的需求理当不要迁就之外，对孩子正当的要求，有时基于家庭的经济条件，或者出于教育孩子的目的，也未必一定全部满足。但是，不迁就孩子必须讲究方法。在孩子情绪激动时，要试图安抚他，要运用冷淡计：冷冷地拒绝孩子的要求，让孩子知道你坚决的态度，事后再把自己的理由坦率认真地告诉孩子，要相信孩子的认知能力，使孩子最大限度地理解自己的做法，让孩子感到父母不是不愿意满足自己的需求，而是自己的要求过分，或者家里的确有困难。促使孩子自幼明白道理与克己节制，心理承受一定的挫折，这对他们今后的生活道路亦是大有裨益的。

有些父母当时不迁就，可是经不住孩子的纠缠，或是由于心软，过一会儿又予以满足，这是最失败的。这样出尔反尔，定会让孩子产生这样的认知：即通过死缠硬磨的手段，无论什么样的要求都可以得到满足。也有些父母不注意相互之间的通气、默契，爸爸不迁就，妈妈却迁就了。又或许父母达成一致意见，爷爷奶奶却悄悄地予以满足，当父母提出批评时，老人又说这是他自己的积蓄，背后又在孩子面前唠叨。这样不仅会造成孩子心理失衡，误以为父母不疼爱他，说得好听，说什么事情做不到，其实可以办到，只是不愿意为自己花钱、着想。

冷淡地拒绝孩子的不合理要求，是处理孩子任性问题的最佳办法。需要注意的是，在孩子平静下来后，一定要告诉他拒绝他的原因，这样的教育才是有效的。

3. 让自负的孩子知道自己并非全知全能

孩子很容易骄傲自满，盲目的自高自大，这对孩子来说是非常危险的。自负的性格会让孩子放弃努力，而且自负会让孩子孤立自己，在生活中处处碰壁，因此，父母一定不要让孩子变得目中无人，在孩子表现得过于自满时，向他泼盆冷水，让孩子看到自己的不足之处，就是纠正孩子自负性格的不错办法。

生活中，一些父母过于强调自信，不断给孩子灌输"你是最优秀的"思想，结果一些孩子变成了盲目自大的令人讨厌的人。

在深圳某重点中学里发生过这样一件事：音乐课上，实习老师刚走出教室，"啪"的一声脆响，一本书被狠狠摔在桌上，"有几个音弹错了，颤音也没唱出来，这样的水平还来教我们！"惊愕的目光都聚集在她——田宁的身上。她是学校的艺术骨干，从小深受执教于音乐学院的母亲的影响，弹得一手好钢琴，在声乐、舞蹈方面也不错，曾多次代表学校参加文艺演出或比赛并获奖。

田宁不仅有文艺特长，而且写得一手好文章。但就是这样一个好学生，同学们都不太喜欢她，背地里都叫她"冷血公主"。为什么呢？原来除了几个亲密的伙伴外，她不大爱同其他同学讲话。当有同学问她问题时，她总是很轻蔑地说："这么简单的问题需要问吗？！"久而久之，没人愿意搭理她了。

另外，田宁的家境非常好，妈妈甚至带她去香港买衣服，因此打扮入时的她有很多优越感，经常挑剔讥讽其他同学。一旦某位同学打扮得漂亮一点，她就会很不屑地说："地摊儿货，瞧那穷酸样儿。"她也有自己的弱项——体育运动。但她不仅不力求改善，反而认为有体育特长的人都是"头脑简单，四肢发达"，并对他们嗤之以鼻。

生活中，像田宁这样的孩子并不少见，这些孩子通常看不起别人，总认为自己比别人强得多，把别人看得一无是处。在人际互动中，自负的孩子不懂得交往应以互相尊重、互相平等为原则，总是表现出一种优越感，盛气凌人，只强调自己的感受。

古人云：谦虚使人进步，骄傲使人落后。骄傲自大的性格必然会对孩子的发展产生消极影响。骄傲自大的孩子常在自己的周围树起一道无形的"城墙"，形成与外界的隔膜，这使他们的心胸变得很狭窄。他们虽能取得一定的成绩，但往往没有远大理想和志向，而只满足于眼前取得的成绩。而且，他们看不到别人的成绩，只会"坐井观天"。骄傲自大的孩子很难和同学们友好相处，因为他们不能做到平等相待，而是总以高人一等的态度对待别人或喜欢指挥别人。骄傲自大的孩子情绪也不稳定，当人们不理睬他时，他会感到沮丧；当他遭到失败和挫折时，又会从骄傲走向悲观、自卑和自暴自弃，否定自己的一切，觉得自己什么都不如别人。因此，父母们千万不要忽视孩子的自负心理，为了孩子的健康成长，不妨用"泼冷水"的手段帮孩子走出这个误区。

林迪是小学二年级的学生，聪明好学，勤奋向上。在一次朗诵比赛中，他又获得了班上的最佳朗诵奖，心里像吃了蜜一样甜。回到家后，他把朗诵稿交给女佣，得意地对她说："玛丽，你念一段给我听听，怎么样？"

这个善良的女人拿起朗诵稿，仔细地看了一遍，然后结结巴巴地说："林迪，我不认识这些字。"

林迪更加得意了，他快速地冲进客厅，得意忘形地对父亲喊道："爸爸，玛丽不识字，可是我这么小，就得了朗诵奖状，这是多么了不起啊。再看看玛丽，拿着一本书却不会读，这太可怜了，我不知道她心里是什么滋味。"

父亲皱着眉头看了看林迪，没有说一句话，他走到书架旁，拿下一本书，递给他说："你看看这本书，就能体会到她心里的滋味了。"那本书是用拉丁文字写的，林迪一个字也不认识，他的脸涨得通红，手足无措地站在那儿，一句话也说不出来。爸爸仔细地看了看他，然后严肃地说："没错，玛丽不认识字，可是请记住，你不会念拉丁文！"

林迪永远都不会忘记那次的教训，无论什么时候，只要想在别人面前吹嘘的时候，他就马上提醒自己："记住，你不会念拉丁文！"

这位父亲是非常明智的，他没有纵容儿子的自负情绪，而是适时地向儿子泼冷水，让儿子重新认识自己、评价自己。

然而生活中，有多少父母能正确处理孩子的自负心理呢？一些父母甚至本身就对孩子的优越感负有责任。比如，有些父母由于自身条件比较优越，总是表现出一副扬扬得意、目中无人的神态，经常会流露出对他人的不屑。如他们经常议论同事的缺点，某某不如自己。孩子听到这些话，也会仿效父母，只看到自己的长处，而嘲笑别人的短处。因此，父母必须从自身做起，教育孩子回归理性，正确评价自我。

在这里，我们给各位家长几点建议，希望各位家长运用制冷的手段，引导孩子克服自负性格，正确评价自我。

（1）全面评价孩子，要让孩子看到自己的缺点

孩子的自我认识受到父母评价的极大影响，这就要求父母在进行评价时要客观、全面，不能只表扬其优点，更要指出其缺点，不要因为爱孩子就忽视、缩小甚至帮助其掩盖缺点。对优点要表明，但要适度。要让孩子意识到作为家庭、学校、社会的一员，理应有合格的表现。家长要提醒自负的孩子在归纳成功原因时要注意实事求是，要认识到老师、家长、同学的帮助以及一些客观条件的促进作用，切不可把成功完全归功于自己而沾沾自喜。

（2）让孩子学会欣赏他人的优秀之处

家长应指导孩子学会欣赏他人，让孩子知道"山外有山"。

学会欣赏他人才不会自视过高。对于孩子来说，学会欣赏他人并非易事，但只要在日常生活中稍加注意，从点滴做起，慢慢就会做到，从而克服自负心理，比如学会宽容、学会倾听、尊重与理解他人、关心爱护他人等均有助于孩子克服自负心理。

在良好的人际交往关系中，宽容大度是很重要的品质。可以这样说，但凡能与同学、朋友相处融洽的孩子，必定是豁达开朗的人；但凡胸怀大志，目光极远的人，必定胸襟开阔，气度宏伟。父母应教导孩子，不要总是拿自己的长处去对比别人的缺点，甚至挖苦、讽刺别人，而应相互鼓励、共同进

步，容许别人出现不足或失误，那么大家就可以友好相处了。

教育学家的建议里，家长还可以让孩子为同班的每一位同学写出几条优点，并对同学当面给予赞扬。当孩子跳出狭隘的自我圈子，自负心理也就会悄然隐遁。

（3）让自负的孩子尝尝失败的滋味

家长不妨对自负的孩子提出更高要求，安排难度更大的任务，让其遭受挫折，品味失败，清楚地看到自己能力的不足，体验需要别人指导和帮助的感觉。

（4）别让孩子拿长处比别人的短处

生活中我们发现孩子出现骄傲自大的不良性格往往是过高地估计了自己，认为自己比谁都强，只看到自己的长处，看不到自己的短处，拿自己的长处比他人的短处。因此，狂妄自大，想干什么就干什么，不会设身处地地替别人着想。作为父母应耐心地教导孩子，让孩子学会正确地评价自己，既认识到自己的优点，又看到自己的不足。家长还需要规范孩子的行为，督促他们改正骄傲自大的坏毛病。

要让孩子回归理性，就要让孩子对自己有个全面的认识，让孩子了解自己的缺点和不足之处，对克服自负性格和与之相应的习惯大有好处。

4. "泼冷水"不等于粗暴地打击孩子

当孩子表现得太过骄傲自负时，家长要发挥"制冷"作用，给孩子泼点冷水降"温"，但这并不等于粗暴地打击孩子，否则就是从一个极端走向了另一个极端。

哈利的爸爸是一个心理学教授，从 2 岁时起，哈利就一直表现出超常的才华，他比同龄的孩子更聪明，认识更多的单词。

然而，这个孩子的不幸正是由他的聪明引起的。小孩子总是很容易骄傲的，哈利也不例外。当他做对了数学题或是读了本好书后，总是想找人分享自己的快乐。然而正是这一点，引起了父亲的不满。因为哈利的父亲性格内向，不爱在别人面前表现自己。正如他自己所说，一个人应该谦虚稳重，不要总是那么自以为是、自满自负。

"哈利，你又在嚷嚷什么？"一天教授对着正在高声欢笑的哈利问道。

"爸爸，我又读完了一本好书。"哈利高兴地对父亲说。

"读完一本书是很平常的事，你用不着那么高兴。"教授说道。

"可是，这本书是莎士比亚的作品呀！我居然能把这么难懂的书读完，真是感到兴奋。"哈利说道，似乎正在等待着父亲对他的表扬。

或许是由于哈利的性格与他不同，或许是他认为应该纠正儿子的骄傲情绪，教授突然发怒："你吵吵嚷嚷的干什么？你以为只有你才有这个本事吗？我看你就是个骄傲自大的孩子。告诉你，我永远不会表扬你这样的坏孩子。"

"爸爸，我做错了什么？"受到了责骂的哈利委屈地说道。

"你做错了什么还需要问我吗？我警告你，不要成天叽叽喳喳的，这让人烦透了。"教授继续训斥儿子，"你不要以为自己是个了不起的天才。我告诉你，你什么都不是。我以后再也不想听到你那种赞扬自己的声音了。你是个笨蛋，你是在自欺欺人。"

教授说完，"砰"的一声关上了房门。

站在门外的哈利委屈地哭了起来，他不明白父亲为什么这样对待他。一种极坏的感觉涌上了心头，他的快乐和自信被另外一种东西所取代：我是个很糟糕的孩子。

从那以后，哈利不愿意再去读书了，他完全变成了另外一个人。这个原本极有才华的孩子最终一事无成。

看完了这个故事，我们不禁为哈利的不幸感到难过，他或许是一个有点骄傲的小孩子，但他那精通心理学的父亲，就没有比粗暴打击孩子自尊心更好的办法来教育孩子了吗？

在一次教育研讨会上，一位家长说："打击孩子也并非一件坏事，对于那些自负的孩子，我们就得狠狠打击他们一下，让他们收敛，否则，孩子怎么能成才呢？"

真的是这样吗？我们不妨来看看下面这个例子。

兰兰是个聪明伶俐、讨人喜爱的女孩。她的爸爸是一家大公司的经理，妈妈是一名出色的律师。兰兰从小就生活在这样一个条件优越的环境里。在家里，她是爸爸妈妈的掌上明珠，要什么有什么；在学校里，她成绩优秀，是老师心目中的"尖子生"。良好的家庭环境，父母的疼爱，老师的赞誉，再加上自己的天赋，使兰兰产生了一种飘飘然的感觉，而且这种感觉一天比一天强烈——"我就是比别人优秀"，兰兰总是这样想。渐渐地，兰兰变了，在家里，她只要稍稍不顺心就对爸爸妈妈发脾气；在学校里，兰兰更爱表现和炫耀自己，取得好成绩就自鸣得意、沾沾自喜，甚至不把老师的话放在心上；在生活中，她总是拿自己的长处同别人的短处相比，认为自己高人一等，看不起别人。这样过了一段时间后，老师对兰兰的自负开始感到担心，于是她把这种情况反映给兰兰的母亲，并希望家长配合学校的工作，及早纠正兰兰的不良心态。妈妈是个对各方面要求都很高的人，她认为必须给兰兰一个深刻教训，让她克服自负。终于有一次，妈妈逮到了机会：那次兰兰没考好，数学才得了六十七分。妈妈斜着眼睛看着羞愧的兰兰，轻蔑地把试卷撕得粉碎，"这也叫分数吗？你不是认为自己比别人都优秀吗？怎么就得这点分！告诉你，你实在没什么了不起的，考得好点尾巴就翘起来了，丢人不丢人啊！

你等着同学看你笑话吧！叫你骄傲！"这劈头盖脸的责骂让兰兰简直崩溃了，她不知道慈爱的妈妈为什么要骂她，只是听懂了两个字：骄傲。从那以后，兰兰再也不在同学、老师面前得意了，事实上她完全变成了一个自卑胆小的孩子。

这就是母亲无情打击造成的恶果，对于兰兰的骄傲自负，母亲本来可以用更温和一些的方式来改正它，这样也不至于给孩子带来心理伤害。

一个8岁左右的孩子，智力还没有充分发展，阅历还很浅薄，没有独立的思考能力，往往完全靠大人的评断来认识自己。大人生气之下脱口而出的一句话，常常是很偏激的，而且心情平静下来以后早把气话的内容忘记了。

但是孩子却听得很认真，记得刻骨铭心。他忽然之间发现自己在他人眼中是那样的不堪，心中突然十分惊异和沮丧，稚嫩的心灵难以承受那致命的打击，从此便极有可能以心灰意冷的态度来选择悲观的生活道路。

本来完全可能有锦绣前程的却在少年时代就凋谢了，这份打击真是太残酷了。不少孩子后来成绩不好，工作生活能力差，精神萎靡不振，该成才而未成才，大都跟他们的童心曾经遭受过的深刻痛苦有关。

这只是一个极端的例子，但不可否认的是，在现实生活中，父母蔑视孩子的事例数不胜数，虽然父母们做这些事的时候并没有意识到。要注意，我们所说的泼冷水，决不等于对孩子的心灵施压，这两种方法在本质上是有很大差别的，家长们千万不要走向极端。

放纵孩子的自负不是一个明智的做法，但粗暴地打击孩子也决不可取。在教育孩子时，家长们一定要把握好"度"，过犹不及。

5. 不要太过偏袒自己的孩子

每位父母都希望自己的孩子宽容、大度，因为这样的孩子才容易和别人友好相处。但是生活中，心胸狭窄、不良性格的孩子却相当普遍；这些孩子都有一种优越感：自己才是最好的，谁也不如我！而一旦发现有人超过了自己，这些孩子便无法忍受，甚至还会想方设法打击对方。因此，家长们一定要努力教育孩子，千万不能让孩子心胸太过狭窄。

平平上小学一年级了，爸爸开着自家的"马自达"把女儿送到学校，他认为自己的女儿聪明、漂亮、机灵，一定会成为班里的佼佼者。果然不出所料，三天后，平平放学后兴高采烈地向父母报告："老师让我当班长了！说我学习好、聪明、能力强！全班同学里只有我获得的表扬最多，其他的孩子都不行！"爸爸妈妈也很高兴："就是嘛！谁能比得上平平呢！"然而半个学期没过去麻烦就来了，平平回家后，总是拉长了脸，向妈妈数落自己的同学不好：小舟只不过会跑步，大家都捧她，但其实她是笨蛋；小美长得漂亮，有什么了不起的，穿得那么土……而且她还向妈妈抱怨同学都嫉妒她，不理她。结果妈妈向老师一问才知道，原来平平在班上总是表现得心胸狭窄，如果班上有哪个同学在哪方面超过了她，她就会反应强烈，甚至诽谤人家，因此同学们都疏远她。不仅如此，平平也不能接受老师的批评。有一次，老师说她学习好，工作能力强，就是工作方法上存在着一些问题，同学关系有时会出现一点紧张，希望她能稍微改变一下。老师说得很委婉，也很诚恳，但心胸狭窄的平平哪里听得进去。为了这件事，平平一连几天拉长着脸，也不说话，她觉得太不公平了，老师怎么能这样对她呢？平平总因为一些琐碎的小事而生闷气，妈妈看在眼里，急在心里，她越来越为女儿担心，她担心女儿这样的性格将来适应不了社会。

在现代的家庭中，孩子就是一切，爷爷奶奶、爸爸妈妈整天围着一个孩子转，孩子就是"小太阳"，孩子的要求从不会被拒绝。长此以往，孩子就形成了一种错误的认识："我"是最好的，谁都不如我。因此当孩子走出家门，面对更广阔的世界时，难以接受别人比自己强的现实。

父母应当明白，心胸狭窄，不但会影响孩子的人际关系，还会影响孩子的身心健康，因此父母应当给孩子"泼点冷水"，让孩子不要总认为"我行，别人不行！"让孩子的心胸变得更开阔。

教育学家认为，孩子心胸狭窄的一个重要原因就是从小和同龄的孩子接触太少，父母处处对孩子忍让，孩子从来不能站在别人的角度考虑问题，完全以自我为中心。因此，父母应多提供机会，让孩子经常与小朋友交往。在交往中学会宽容、体谅他人；提高人际交往能力及社会适应能力，养成良好的性格。

而当孩子在交往中遇到矛盾和纠纷时，父母千万不要偏袒自己的孩子，这样做会让孩子错误地认为自己的地位是特殊的，别人都比不上自己，都要让着自己。那么家长在遇到这种事时，该怎么处理呢？请看下面这个故事。

妈妈正在厨房做饭，突然听到楼下传来儿子冬冬的哭声，她赶忙跑下楼去，只见冬冬正坐在地上哭呢。而常和儿子玩的小朋友林涨红了脸站在一边，眼泪也快要出来了。冬冬看见妈妈来了，马上扑了过去。"妈妈，林打我！""是吗？林，你们为什么不高兴啊？"没等林开口，冬冬立刻抢着说："他看我小，欺负我！妈妈你帮我骂他！"妈妈不高兴了，她把冬冬推开："不许没礼貌！让林说！"后来妈妈弄清楚了，原来林用积木盖城堡，冬冬也要抢着玩，林不让，冬冬一来气就把盖到一半的城堡踢倒了，两人由此打了起来。妈妈严肃地把冬冬叫过来："冬冬，为什么玩什么一定要听你的呢？林的城堡已经盖了一半了，如果你想玩可以帮他一起盖呀！下次不许你再这样霸道，如果林也把你盖好的积木推倒，你生不生气呢？"冬冬红着脸，一声不吭了。林走过来说："阿姨，对不起，我也不该动手打冬冬。冬冬，别生气了，我们一起玩积木吧！"冬冬看了看妈妈，两个孩子开始一起搭城堡了。

这位妈妈把这个小纠纷处理得非常好，她没有不分青红皂白地偏袒自己的孩子，而是一视同仁地处理问题，这样就不会助长孩子以自我为中心的心理。不仅如此，她还借机教育了孩子："为什么玩什么一定要听你的呢？"这样就会引起孩子的反思，渐渐地孩子就会认识到：小朋友之间都是平等的，不能总是自己说了算。这是一个成功的教育案例。

另外，父母们也不妨让孩子体验一下心胸狭窄的害处。父母要让孩子认识到，如果一个人总是心胸狭窄，别人就会讨厌你，或不喜欢和你做朋友，而且做错事时也得不到别人的原谅，会被彻底地孤立起来。这样孩子就会认识到，心胸狭窄是一件不好的事，并慢慢地摆脱这种坏性格，心胸变得开阔起来。

父母要帮孩子认识到，不能什么事情都得依着自己，父母、别的小朋友和自己都是平等的，你对别人斤斤计较，别人也会对你斤斤计较，而如果你对别人宽宏大量，那么别人也会还你一个宽宏大量。

第五章

过于溺爱会让孩子习惯于任性而依赖

现在一般家庭尤其城市家庭大多只有一个孩子，往往形成父母加上爷爷奶奶几个人围着一个孩子团团转的现象，于是溺爱不期而至。在溺爱中成长的孩子思想和行为方式带有明显的任性、依赖的习惯特点，这对他以后生活的影响是十分不利的。

1. 溺爱孩子就是在害孩子

世界上没有父母不爱自己的孩子，然而爱孩子也要爱得理智、有原则，这样才能让孩子健康成长。溺爱孩子只会害了孩子，滋长孩子的坏毛病，养成各种不良习惯。

现在的孩子大多是独生子女，因而在家中备受宠爱，然而事实证明，过分溺爱与娇惯会使子女遭到毁灭。对子女的爱，就是因为过了头，才变成了

"害"。水之所以能溺死人，是因为人被水淹过了头，吸不到氧气而窒息。"严家无悍虏，慈母有败子"，这是千百万父母家教实践经验的正确总结，值得每个父母吸取。

目前，对独生子女的溺爱，已经成为一个较为普遍的社会性问题。

有一位父亲，他与妻子把所有的爱都给了独生儿子。但儿子却很自私，对父母那种无私的爱丝毫不懂得感恩，也没有想过要关心父母：好饭菜要独吃、先吃；只知道伸手向父母要这要那，当父母生病时却不闻不问。而当父母问到自己老了孩子该怎么办时，孩子居然认真地回答："对我有利就养你们！"

有这样一个故事：

有一位母亲，为了儿子，为了丈夫，放弃自己不错的工作，整天在家相夫教子。她每天都不辞辛苦地骑车送儿子上学，打零工赚钱供丈夫攻读学位。丈夫毕业后，功成名就有了钱，抛弃了妻子，带走了儿子。儿子跟着有钱的爸爸，进了贵族学校读书，却很少想到曾经为他付出很多的母亲。

当这位妈妈想儿子时，特意买了一件新衣服到学校去看儿子，儿子却嫌弃母亲穿得太"土"给他丢脸，告诉同学这是他的"老乡"。后来，儿子竟提出了一个无理的要求：让母亲做他的"地下妈妈"，否则就不认她这个妈！这位可怜的母亲心都碎了。她不明白，为什么天下会有这样无情无义的孩子？自己究竟做错了什么，怎么用十几年的爱换不到儿子的一丝感恩，却得到这种冷酷无情的回报？

从孩子的降生开始，到孩子成长的每一天，父母都带着望子成龙的心情对孩子倾注了无限的爱。但过分溺爱并不能使孩子成才，望子成龙这句话应该改为育子成龙，因为目前我们的家庭教育中有一种倾向是颇令人担忧的。曾有一位儿童教育家说过：只知索取，不知付出；只知爱己，不知爱人，是当前独生子女的通病。仁爱是人类最光辉灿烂的人性，最崇高伟大的品德，教子做人，首先要赋予他一颗仁爱之心。

如何正确引导和教育孩子是家长、老师、学校及社会各界都关心的问题。事实上，如果过分溺爱孩子就会适得其反，不仅不利于孩子的健康成长，反而会害了孩子。有人说，孩子就如成长中的小树，需要及时修枝、打杈，这样才会使孩子长成有用之才。

由于家长的溺爱，现在社会上的孩子也逐渐学会了如何攀比。现年15岁的苗嘉，从小在家备受宠爱，爸爸妈妈身上穿的都是名牌服装，脚上穿的是名牌鞋，妈妈的化妆品就更别说了。有一个星期天，苗嘉走到爸爸面前要求爸爸给他买双名牌鞋子，遭到拒绝后，他撂下了一句话："不是名牌我不穿，买回来你自己穿吧！你整天打麻将，有了钱只知道给自己买名牌，我都15岁了，也要穿名牌！"

几位家长反映，如今孩子太难教育，说狠了，孩子就以离家出走或以死相威胁。一位靠打工维持生活的母亲含泪说道，前两天就因为没给儿子买阿迪达斯名牌运动鞋，儿子把家里的钟表给摔了，过去挺懂事的，不知现在怎么变成这个样子了。多数家长认为学校对学生进行勤俭节约美德的教育不多，学生间攀比的风气越来越严重，个别老师的言谈举止也在影响孩子。

家长过分溺爱孩子，使孩子时时有优越感，稍不顺心就拿生死当砝码，有因为父母不让玩游戏机而轻生的，也有因为没得到自己想要的礼物而轻生的。这都是由溺爱导致的。

溺爱并不是爱孩子，而是把孩子往火坑里推。被溺爱的孩子很难遵守规矩和自我约束，他们以自我为中心，凡事只会想到自己，自私自利，认为规矩都是为别人制定的，与他们无关。"剃头挑子一头热"的单向传递的爱造成孝敬的颠倒，使得孩子只知享受别人的爱却不知爱别人，久而久之就会造成孩子自私、冷漠、任性、放纵等不良性格。

其实，爱孩子，可以智爱。放弃用过分控制或纵容的方法对待孩子，用慈爱而坚决的方法教育孩子、培养孩子，会对孩子的成长更有好处。当孩子做了错事，父母要讲明是非，纠正错误，再以适当的方式表示亲昵，使其感到父母仍然是爱他的。这样能激起孩子对父母由衷的爱戴与尊敬，也能使他感觉与体会到父母养育自己的艰辛。

罗马是靠一沙一石来建成的，爱的海洋也要靠一滴滴水来汇集而成。自小培养孩子同情心和怜悯心，就是在他身上培养善良之心。培养善良仁爱之心，是教育首先要做的事情。孩子最初的同情心和怜悯心是成人同情心和怜悯心的反应，所以，父母同情别人的困难，他们的言行会深深打动孩子的心灵，感染和唤起孩子对别人的关心。

经常让孩子看到大人是怎么同情、关心、帮助别人的，对于培养孩子善良品质是最好不过的了，孩子会把自己痛苦时的感受与别人在同样环境下的体验加以对比。体会别人的心情，可以使孩子学会理解别人，学会移情。例如：看到小弟弟摔倒了，你可以启发孩子："想想你摔倒时，是不是很疼？小弟弟一定很难受，快去扶起他，帮他擦擦脸。"在公共汽车上，你可以对孩子说："你看，那个阿姨抱着小弟弟多累呀，我们让她们坐到这里来吧。"新闻报道有人缺钱做手术，生命垂危，你可以带孩子去捐款，献上一份爱心……

随着孩子的长大，还要逐步扩大教育内容，教育孩子热爱生命、热爱祖国、热爱科学、热爱劳动、热爱事业、热爱人生……

一点一滴的培养，一言一行的引导，就会在孩子心头扎下根，就会随着孩子的成长而不断扩展和升腾。

在心理学上，有这样的说法：人如果长期在一种"特别幸福"的空间里，就会造成"健康心理过剩症"。这种心理疾病的特点之一是对幸福的感觉明显降低；二是特别害怕困难，不愿接触人世间的艰难困苦，甚至会将一些平常的事也误认为是痛苦而神经过敏。然而我们不能否认的是，艰难困苦是生活中客观存在的，谁也没有本事消灭它或者回避它。今天，身为孩子家长的你，也许有能力帮孩子铺平眼前的道路，那么将来呢？能让羽翼未丰的孩子永远不离开自己的庇护吗？当父母不能常在孩子的身边时，那么孩子又能依靠谁呢？

在溺爱中成长的孩子会有很强的优越感，常常眼高手低，不善于与人相处，而当他们看到别人的进步时，又很容易产生怨恨与沮丧的情绪。

孩子是家庭的希望，社会的未来。关爱孩子是一种神圣而伟大的情感，全世界的父母都在为孩子的成长付出自己的心血。当孩子逐渐长大，父母应该给予孩子更大的空间去独立思考和做决定，让他们学习自己面对问题与解决问题的方法，而不再是处处被照顾得无微不至，这样做才是真正地爱孩子。

爱孩子是连动物都会做的事情，要教育好孩子就不能一味溺爱。有节制的爱才能让孩子养成良好健康的习惯，更加独立地面对生活，更健康地成长。

2. 独立才会有用

教育学家认为：爱孩子就要培养他独自面对一切的能力，千万不要让孩子对家长产生严重的依赖心理。因此，父母们应当从小培养孩子的独立意识，不妨让孩子吃点苦、经经风雨，这样孩子才能成为一个独立的有用的人。

瑞克是个活泼的男孩子，他非常喜欢参加学校组织的各种活动。

一个周末，瑞克的老师组织同学们去郊游，当瑞克赶到学校时，他的老师不让他参加班级的这次活动，因为他忘了带父母签字的同意书。瑞克感到非常气愤，当他回到家时，就对妈妈说："妈妈，你必须开车送我去 41 区参加活动，不然我会不开心的。"

"瑞克，我知道你很想去，我也希望能够帮你，但让我开车送你去是不可能的。因为我有工作要做，而且要去参加郊游是你的事。"妈妈回答说。

"那怎么办呢？"瑞克低着头小声说道。

妈妈看了看儿子，说："你可以乘公共汽车去呀。"

瑞克摇了摇头："不行，那样太麻烦了，因为我必须换乘好几趟车。"

"哦，你是说你已经决定不乘公共汽车了，对吗？"妈妈平静地问道。

瑞克接着又发了几分钟牢骚，诉说他的不幸，然后就走出了房间。当他再次回来的时候，他兴奋地对妈妈说："我已经找到了一辆直达山区的公共汽车，根本就不需要转车。"

就这样，妈妈开车把他送到了公共汽车站。

我们可以想象一下，瑞克在赶上郊游队伍之后该有多么高兴，因为他凭借自己的力量解决了问题，而在这件事情中起到关键作用的妈妈也是非常令人佩服的。在了解儿子的困难后，她本可以开车把儿子送到山区，但她没有这样做，而是坚持让儿子自己坐车去山区，锻炼了孩子独立处理问题的能力。

生活中我们常说，自己的事情要自己解决。哪怕你完成得没有别人好，那也是你自己的劳动成果。这一次也许会做得不好，但下一次就会好一点，经过这样一次次的努力，最后才能做得完美。如果总是依赖别人，那么你的一生将始终与贫穷和低声下气为伴。孩子有了自己的能力和地位后，与家人和社会的沟通才会变得更容易，才更能适应周围环境的变化。

现代家庭里的孩子大多是独生子女，是泡在"蜜罐子"里的一代，许多事情都由大人包办，衣来伸手，饭来张口，孩子在这样的环境中很容易就会失去自己的独立性，这无疑会对孩子以后参与社会竞争产生不利影响。因此，父母一定要从小就开始鼓励孩子独自去完成一些事情，以培养孩子的独立能力。孩子们应该成长为一棵独立支撑、独当一面的大树，而不是靠大树遮风挡雨、经不起风吹雨打的脆弱小草。

戴维·布瑞纳出生于美国一个中产阶级家庭。当他中学毕业时，许多同学的家长都给自己的孩子一份厚重的毕业礼物，有的是新服装，有的是旱冰鞋，有的甚至得到了新轿车。当戴维兴奋地问父亲自己可以得到什么礼物时，父亲却慎重地递给他 1 美元，并语重心长地说："用它去买一张报纸，一字不漏地读一遍，然后在分类广告栏目，找一份工作。自己去闯一闯吧，它现在已经属于你了！"

"什么？！这怎么可……"戴维的神情中有着明显的失望，还有对自己能力的担忧。

"儿子，你已经中学毕业了，爸爸相信你的能力，相信你能靠自己的双手赢得你该得到的。"戴维的父亲鼓励儿子道。

父亲的信任与鼓励，让小戴维终于鼓起了勇气，在那个假期里他赚到了第一份工资。从那以后，他学着不再依赖父母，自己独立处理遇到的事情。也正是这份独立意识加上不断的努力，让戴维成了美国最著名的喜剧演员之一。

成名之后，戴维对朋友感慨地说："我一直以为这是父亲跟我开的一个天大的玩笑。几年后，我去部队服役，当我坐在伞兵坑道里认真回忆我的家庭和我的生活时，才意识到父亲给了我一种什么样的礼物。我的那些朋友得到的只不过是轿车或者新衣服，但是父亲给予我的却是整个世界。这是我得到的最好的礼物。"

表面看来戴维的父母对孩子似乎有点残酷，然而这种"残酷"里却藏着父亲对儿子用心良苦的爱和深深的期望，因为他知道在孩子年少时培养他处理问题的自立能力、积累丰富的人生经验，这才能为孩子日后的成功奠定良好的基础。

人的一生就像在攀登无数台阶的山峰，对于孩子如何面对和攀登这些人生的台阶——学习、工作和生活，父母的做法不尽相同，有的牵着手、搀扶着上，有的抱着上……不同的父母会有不同的做法。但是结果很明显，被家长牵着、搀扶着的孩子，对父母有很强的依赖性，常常把父母当成拐棍而难以自立；被家长抱着上台阶、揽在襁褓里的孩子，会成为"被抱大的一代"，不经风雨，不见世面，更难立足于社会，更别说大有作为。只有那些在父母鼓励下，独立攀登的孩子，最终才能攀上光辉的顶点。

在美国，经常可以看到一些孩子在校园里拾垃圾，把草坪和人行道上的报纸、冷饮罐收集起来，向学校换取一些报酬。他们一点儿也不觉得难为情，反而为自己能挣钱而感到自豪。有的家庭经济很富裕，但在孩子八九岁时便鼓励他们去打工、送报，挣零花钱，目的是培养孩子自力更生、勤俭节约的习惯。美国富豪洛克菲勒就是其中之一。洛克菲勒很小的时候就开始靠给父亲做"雇工"挣零花钱，平时清晨他便到田里干农活，有时还帮着母亲挤牛奶。为此，他专门有一个用于记账的小本子，将自己的工作按每小时0.37美元记入账，然后再与父亲结算。他做这件事做得很认真，因为他感到既神圣又趣味无穷。而洛克菲勒的第二代、第三代乃至第四代，也都严格照此方法教育孩子，而且还要定期检查他们做事的效果，否则，谁也别想得到一分钱的零花钱。

洛克菲勒家族让孩子这样做当然不是因为吝于给孩子零花钱，也不是父母有意苛待孩子，而是通过这种方式鼓励并培养孩子艰苦自立的品格和勤劳节俭的美德。那小账本上记载的不仅仅是孩子打工的流水账，更是孩子接受考验和磨炼的经历！

家长不能总是把孩子关在自家的大门之内，像老母鸡那样，时时刻刻都把孩子拢在自己的身边。那样，他们就永远学不会独立活动，独立生活和独立处理问题、解决问题。应当打开家庭"城堡"的大门，把孩子放到社会生活中去，以社会为"课堂"，以社会生活为"教材"，向社会学习，向实践学习，在社会实践中增长见识，开阔眼界，经受磨炼，增长才干，提高适应社会生活的能力。

"不经一番严霜苦，哪有梅花扑鼻香"，真正爱孩子就要放手让孩子独立闯荡，这样孩子才能在风雨磨炼中成为有用的人才。

3. 不要对孩子有求必应

一些父母认为，现在生活条件好了，没道理让孩子受委屈，怎么也不能比别的孩子差。在这种心态下，父母对孩子几乎是有求必应，孩子要什么就给买什么，于是一些孩子拼命追求物质享受，吃的、穿的、用的都是最好的，同时对自己的东西又不珍惜。孩子一旦养成了大手大脚的坏习惯就很难改正，而一个性格骄奢的孩子也是很难有什么作为的。

据调查统计，目前青少年犯罪率呈上升趋势，不少学生从小娇生惯养，沾染上了花钱如流水的坏习惯，以至于到了经济拮据、无以为继时，从小偷小摸开始，逐步沦为罪犯。这些事例足以使我们深思！

教育学家告诫父母们：不要一味地满足孩子的每一个愿望和要求。只要是孩子看到的和喜爱的东西，当父母的无条件地给孩子去买，这种做法是极其错误的。父母们应当教育孩子不能只想到他自己，还应该想到别人，至少应当想到家庭中的成员。这一点看起来很简单，却常为许多父母所忽视。不少当父母的人，总是千方百计满足孩子，生怕孩子不高兴，孩子要什么就给他什么。不但自己主动地让出自己应有的一份，还要求家庭中的其他成员也都让出应有的一份给孩子。这样的父母，往往没有想到孩子的要求是无尽的。

你今天满足了他这个要求，他觉得有求必应，于是明天又提出新的要求。这样做无意中纵容了孩子，培养了孩子的利己主义思想。时间长了，不但养成了孩子不尊重别人和不尊敬长辈的坏习惯，而且，在达不到目的或愿望得不到满足时，他们还可能由失望转变为消沉。

另外，当父母的以身作则，厉行勤俭，也是"训俭"的一个好办法。

在童年的撒切尔夫人眼里，父亲罗伯茨是个极其吝啬的人。有一次，11岁的撒切尔夫人求父亲给自己买辆自行车骑着玩，父亲却拒绝了，他的商店生意很好，家里也很富裕，但他认为女儿还没上中学，不需要自行车代步，不是非花不可的钱，一分也不花。

罗伯茨经常对女儿讲自己是如何勤俭节约的，他说起自己年轻时找到的第一个工作每周只能赚十四个先令，其中十二个先令交给房东，其余两个，他自己只用一个，存起一个。

罗伯茨在家里精打细算，省吃俭用，但他对外人却很慷慨，他经常把食品与金钱送给穷人。他对女儿说："考虑问题的出发点是能否给人以实际帮助。不要像有些人那样，认为从床上爬起来到市场抗议一下，就是帮助了穷人。重要的是你用你微薄的收入干了些什么？"

这些教育，使撒切尔夫人形成了节俭的好习惯。

节俭是一种美德，家长们都应当理直气壮地教育孩子节俭，让孩子懂得不是要买什么就能买什么，衣、食、住、行等各方面都不能奢侈，只有这样，才是在为孩子做长远打算。

不能一味地满足孩子的物质要求，教导孩子不要盲目地跟别人攀比，因为不管怎样，都有人比他更好，或比他更坏。

4. 让孩子从小学着吃点苦

现在的孩子大多由父母宠着、爱着，泡在糖罐里，就像温室里的花朵一样，难以经受风吹雨打，而这样的孩子也很难适应未来"优胜劣汰"的残酷竞争。因此家长们在孩子小的时候，就要有意识地让他们吃点苦。

中国的一些父母们，因为自己小时候吃了不少苦，因而打定主意坚决不让孩子再吃苦，他们总是千方百计地满足孩子，保护孩子。一些孩子甚至上了高中还不会洗衣服，不会照顾自己，所有跟"吃苦"有关的事全由家长代劳，然而这样做有什么好处呢？只能培养出一些娇气、只会依赖父母、又吃不了苦的孩子。

在一次夏令营里发生了这样一件事：按照计划，60 名孩子要长途步行40 公里，途中自己做饭，搭帐篷，行程是 3 天。可在第一天上午，就有 6 个孩子哭着给家里打电话，抱怨说太艰苦了，要背着很重的包走那么远的路，而一个女孩则哭着非要爸爸马上来接她。结果到终点时，60 名孩子只剩下37 个，其余的孩子都因为吃不了苦，中途放弃了。随团的一位医生感叹地说："现在的孩子太娇了，现在连这么一点苦都吃不了，以后到社会上怎么办啊！"

这样的担心并非没有道理，可一些家长仍在执迷不悟地"保护"孩子，生怕孩子受罪。然而，就在许多家长挖空心思地满足子女的各种要求时，美国人却千方百计地对他们的孩子进行"吃苦教育"。为了让孩子了解过去困难的日子，美国一家学校给孩子们做了"忆苦饭"，结果，孩子则面对当年大人吃过的黑面包号啕大哭，拒食 3 天。校方毫不动摇，第 4 天，孩子终于咽下了这顿忆苦饭。在美国的许多孤岛或森林里，人们常常可以看见美国小学生的身影。他们在没有老师带领的情况下，面对着既无水源又无淡水的可怕的自然界，安营扎寨，寻觅野果充饥，捡拾柴草，寻找水源，自己营救自己。一位孩子参加野外训练归来后，感慨地对老师说："我以前以为供我们享受的一切现代化设施都是本来就有的，荒岛的历险才使我明白，人生来两手空空，一切都是劳动创造的。过去老师讲劳动光荣，我们没什么感觉，如今才真正理解了这个词的含意。"

而日本的家长也说："在送给孩子幸福之前，先要送给他们苦难。"在日本的幼儿园里有一条不成文的规定：每逢冬天，孩子都要赤身裸体于风雪之中滚爬跌打一定的时间。天寒地冻，不少孩子嘴唇冻得发紫，但在一旁的家长们个个硬着心肠，没有一个上前搂住自己的孩子。他们知道，这样不仅能够换来孩子真正的健康，而且还能锻炼孩子面对艰苦与挫折的意志。

能吃苦中苦，方得甜上甜。一些教育学家建议家长们运用"苦磨计"教育孩子，多给孩子吃些苦，让孩子体会生存的艰辛，逐步提高孩子的心理承受能力和坚韧不拔的生存毅力。

吴总的儿子多多6岁了，有一天吴总带他去剧院看演出，出来的时候已经是下午四点了，多多嚷着肚子饿，要回家吃晚饭，没想到车子偏偏坏在了半路上，怎么办呢？吴总想了一下，就对儿子说："多多，现在离咱们家只有3公里左右了，爸爸打电话叫人来把车拖走，咱们走回家去吧！"多多不高兴地说："爸爸，好饿啊！咱们打车回去吧！""不行！"爸爸一下严肃起来："这么点苦都吃不了吗？我像你这么大的时候还曾饿着肚子走30里山路呢！"于是父子俩开始沿着马路往家里走，3公里的路整整走了一个小时。有人问吴总为什么要这样做，吴总回答说："为了让孩子能够吃点苦。"

美国的芭贝拉·罗斯说："父母必须让孩子知道，在成长的道路上，不可能是一帆风顺的。成功往往是与艰难困苦相伴而来的。"儿童教育学家们普遍接受的一种观点是：战胜生活中挫折和困难的勇气，是在童年时开始树立和发展的。因此为了孩子着想，父母们必须尽早对孩子进行吃苦教育，让他们自小受到艰难困苦的磨炼，有了吃苦精神，孩子们才能在未来的竞争中立于不败之地。

为了让孩子在将来少吃苦头，在孩子成长过程中，家长不妨适当让孩子吃些苦，培养孩子的意志和毅力，让他们将来能够适应充满竞争的社会。

5. 劳动锻炼是培养孩子健康个性的必须

生活中，很多孩子都是"四体不勤，五谷不分"，什么都不会做。而孩子的父母却不以为意，要知道我们现在还是一个按劳取酬的社会，没有劳动就没有收获，如果孩子养成了懒散的性格，父母们怎么能指望孩子在将来的工作中做出成绩呢？

劳动是成功的本源，因为美好的东西如果轻易得到，孩子就会毫不在意，只有让他们亲自付出相应的劳动，才能懂得珍惜、爱护这些美好的东西。而那些优秀的人物，那些伟人，无一不是在苦难中，在贫困的推动下，勤奋劳作，而终于脱颖而出的。生长在城市里的孩子往往就像温室里的花草一样，很少经历风吹雨打，他们不懂世上还有"艰辛"二字。他们不懂得体贴农民，不知道爱惜粮食和敬重土地，他们已经丧失了把劳动作为美德的最朴素的理解。而让他们获得这种理解，体会这种艰难，培养起对劳动的兴趣，便只有让他们亲自去体验。

现在，许多家庭物质条件好了，又只有一个孩子，所以一门心思地想让孩子尽量少吃点苦。孩子要什么就给什么，生活上照顾得无微不至，口袋里零花钱不断。特别是城市孩子，生活在父母的羽翼下，衣来伸手，饭来张口，几乎与劳累无缘。这样做的结果，一是使孩子不知一饭一粥来之不易，二是使孩子生活难以自理，将来更难以自立于社会。

鲁珀特·默多克是世界传媒业的龙头老大，他从澳大利亚一份地方报纸起家，奇迹般地建立了一个国际传媒帝国，而这个奇迹之所以能够出现，靠的就是他的苦干精神，而他的苦干精神，得益于儿童时期母亲对他的劳动教育。

在谈到母亲对他的影响时，默多克说："我想是她的严格要求使我懂得了世界上没有免费的午餐，财富要靠自己去创造的道理。"

他的母亲伊丽莎白是个极有主见的女人，在教育孩子方面，她有自己的办法。她对默多克很严厉，很少迁就儿子，经常让他整修花园，打扫房间，洗衣服。

为了培养默多克的价值观，让他理解报酬必须靠劳动去获取，她让默多克选择劳动的种类、方式，然后计件或计时从她这儿领取相应的报酬。

伊丽莎白后来回忆说："在那些日子里，儿子可能认为我是一个旧式的、残酷的母亲，但我必须让他明白，没有什么东西是凭空而来的，等他长大以后就能真正体会那样做的好处。"

作为父母，不要对孩子过分溺爱，应该磨炼他们吃苦耐劳的精神，让他们热爱劳动，由此热爱生活。有时，也可以用"按劳取酬"的方式刺激他们，让他们用自己的劳动赚零花钱，使他们逐渐懂得劳动的价值，并慢慢学会计划花钱，这些都有利于他们养成良好的个性和生活态度。

苏联教育家苏霍姆林斯基说："不要害怕你的孩子身上出汗，手上长趼。只有能使人劳累、流汗、长茧子的劳动才能培养出细腻、敏感、坚强、有温情的心灵。这种紧张的劳动培养人的高尚品格，因为它充满了高尚的动机。"

而生活中，一些父母却认为："用劳动锻炼孩子没什么用，有那个时间还不如让孩子多看会儿书呢！"那么家长们有必要看看下面这个调查结果：

美国哈佛大学的威特伦教授花费了 40 年时间，追踪观察了 256 名儿童，结论是：从小受过劳动磨炼的孩子成年后，能与各种人保持良好的关系，并比少参与家庭事务、不爱劳动的孩子收入多 5 倍，失业少 16 倍，健康状况也好得多，生活过得美满充实。这是因为孩子在劳动中可以磨炼自己的意志、毅力，还有自力更生的性格，而这些，正是孩子到社会上打拼时最重要的武器。

因此，父母们应积极鼓励孩子参加劳动锻炼，这样孩子才能长大成才。首先，父母们要多鼓励孩子自己做事。从孩子具备一定的劳动能力时起，父母就应该放手让孩子去做自己力所能及的事情，决不要包办代替。孩子稍大一些的时候（7 岁左右），父母就要让孩子帮着干些家务事。等到孩子 8 岁以后，父母就可以给孩子分配一些任务，如打扫庭院、扫地、擦桌椅等等，把这些当成孩子的专属工作，父母决不插手。这样做，不但能锻炼孩子的动手能力，还能培养孩子持之以恒的毅力。

其次，要放手让孩子去做。生活中，一些父母也知道孩子太娇了没好处，要让孩子从小就能吃苦，适当干些活。可真用劳动去磨炼孩子时，他们又牵肠挂肚地担心起来。看到孩子细嫩的小手磨出了茧子，他们就开始心疼；看到孩子干活累得喘气，他们就更难过，于是孩子刚干了一会儿，父母就让孩子停手："我来干吧！"这样，劳动磨炼成了走过场。父母应该明白，适当让孩子参加劳动是为孩子好，孩子现在吃些苦，受点累，将来就能生活得更好，因此爱孩子就要放手让孩子在劳动中磨炼自己。

让孩子干点活，吃点苦是为了培养他们自强与坚毅的性格，因此，在孩子劳动时，父母应当用鼓励来代替不必要的服务。

6. 对孩子的零用钱要进行控制

现在父母似乎越来越喜欢用零用钱来表达自己对孩子的爱，于是孩子的零用钱越来越多。这些钱来得容易，孩子花的也就容易，轻轻松松几十、几百就甩了出去。教育学家的疑问是，孩子现在养成了大手大脚花钱的习惯，等将来他们长大后发现挣钱并不像想象中的那么容易怎么办？做"月光族"吗？做"啃老族"吗？因此，父母们应该从现在开始就培养孩子勤俭的性格，这样孩子长大后才能更好地照顾自己。

请看一个小学四年级的孩子，在一个星期天的生活记录：早上 9:20 起床，匆匆吃过早餐后，就约了三个同学一起去网吧玩，中午的午餐是在麦当劳里解决的，这个孩子点了 128 元的食品和伙伴们一同享受。午饭过后，几个孩子又去逛了逛体育用品商店，他又给自己买了一个 125 元的篮球，而事实上他已经有了两个篮球，同时又买了两双 58 元一双的运动袜。下午 3 点钟，他们又在网吧里玩了会儿游戏，然后几个孩子各自打车回家了。

一个小学四年级的孩子，一天的花费竟然高达三百多元。教育学家不停地在向社会呼吁：再富也不能富孩子！然而我们面对的现实却是，孩子手里大都拿着来自父母和亲朋给的零用钱，衣袋里装着几十元、几百元，甚至上千元！而且家长又不教孩子怎样使用零用钱，于是孩子们就开始任意挥霍：去歌舞厅、游戏厅，甚至抽烟，这些学生虽属少数，但金钱的影响已经严重地腐蚀了他们的灵魂。

一个小学三年级的孩子说："我妈妈一天给我 30 元，除中午吃饭之外，剩下的钱买零食。"一天 30 元，一个月就是近千元！孩子的浪费现象和鄙视节俭的作风由此可见！

从对孩子的教育上来看，这其实是一个勤劳俭朴的问题。从某一点上来讲，暴露了我们对孩子的勤俭教育做得相当不够。

其实，在一些发达国家，父母给孩子零用钱也是一件极其普遍的事，因为零用钱是承认和满足孩子的合理经济需求，对于每个小孩的生活和教育有着重要影响，但他们同时强调要培养孩子的节俭意识，教孩子合理使用零用钱，利用零用钱来培养孩子的责任心和自理能力。

美国亿万富翁小洛克菲勒对孩子的零花钱如何发放和如何使用的问题就极其重视。他每周六给孩子发放下周的零用钱。自孩子七岁开始，每周发放三角钱，并给孩子配有一本小小记事本，要求孩子把每周零用钱的出入账都记录得清清楚楚，还要能够说出钱为什么这样花。在下一次发放零用钱的时候，孩子们要一一报账，家长满意的就可能多得到一些。每个孩子都试图把自己的钱用得更合理些，也就学会了节俭。

洛克菲勒给孩子们的零用钱很少，如果他们感到手头紧张，就鼓励他们自力更生。要积极认真地对待孩子零用钱问题，培养提高孩子的消费意识和能力，建立正确的生活方式，提高家庭教育质量。

所以，在家庭教育中，家长如何给孩子零用钱，如何指导孩子使用零用钱，也就不能看作是一件无足轻重的小事。因为这不仅关系到培养孩子文明、科学、健康的消费观念，同时也是让孩子学会对自己的行为负责，培养其责任心和自立能力的一个途径。

由此看来，家长怎样给孩子零用钱，孩子怎样使用零用钱，这对孩子的成长绝不是一件小事。

一些家长在给孩子零用钱时往往存在着误区，比如有些家长把零用钱与对孩子的奖惩挂钩，比如有的家庭，在孩子学习得到好成绩时就给奖金，如考试成绩好奖给10元，作业写得好奖给5元等等。这就把鼓励的方向搞错了。因为把学习搞好是学生的责任，没有必要额外再给奖金。更不应该把分数与钱数规定出比例，得100分给100元，得60分给60元等等，这样就误导了孩子的学习目的，成了为钱而学习。同时，这些孩子在拿到家长的奖金后，就往往大肆挥霍，如果家长干预，孩子就会说："不是奖给我的吗？不让我花，奖励还有什么意义？"因此，家长要让孩子合理使用零用钱，首先是要给好孩子零用钱。一是数量要适当，数额要根据家庭经济状况和孩子的合理需要统筹考虑。一般以够支付孩子合理的开支为限，不宜多给，也不宜少给。二是时间要适宜。零用钱可以选在一个有纪念意义的日子开始给，如小孩上学的第一天等，告诉孩子这笔钱的用处，并使他懂得自己在家庭中的地位和责任，之后可以定期发给。

小洛克菲勒对自己做法的解释是："我要他们懂得金钱的价值，不要糟蹋它，不要乱花乱用，要把钱花在益处。"这就是在告诉我们，给了孩子零用钱就是教会孩子如何用好这笔钱，告诉孩子这笔钱可以用在什么方面和最好用在哪些方面，使零用钱用得其所，发挥它的最好效益。

生活中，家长给孩子零花钱的数额应当把握在孩子有能力支配的范围之内。无论孩子年龄多大，家庭经济条件多好，为孩子花钱都要有节制，并且心中有数。零花钱的多少并没有一个定值，主要依据孩子的年龄及其一周的消费预算来确定。这些开支包括：买零食，孩子日常必需的开销，如车费、午餐和学习必需品的费用，再增加一些额外的钱，以便为存钱创造可能性。对于过生日时的钱、过年的压岁钱等，大多超出了孩子平时零用的数额，父母应建议孩子把钱存入银行，千万不能任其无节制地使用。

帮助孩子初步懂得一些理财观念，懂得要有计划地使用手头的钱。首先是帮助孩子初步了解金钱的概念，一般的孩子在上幼儿园时还没有有关金钱的完整观念，他们开始对金钱感兴趣，大多是因为感到钱币上的图案好看好玩，并不知金钱的功能，因此就谈不上正确使用金钱。所以帮助孩子建立一个相对完整的关于金钱的概念，就显得十分重要。这时，家长要尽可能利用孩子能听得懂的语言，并辅之以家庭游戏。从最简单的钱交换开始，向孩子解释钱的概念，经过一段时间的努力，孩子对钱的作用就会有个大致的了解和初步的概念。

其次是尊重孩子使用零花钱的自主权，孩子的零花钱是为了培养他们理财能力，在孩子使用零花钱的过程中，要充分尊重孩子的自主权。如果孩子手头有零花钱，但具体到买什么东西，都得听父母的，那么孩子只不过是起了零花钱的"存钱罐"的作用，这样是很难培养孩子独立理财能力的。引导孩子合理使用零花钱，有意识让孩子用自己的钱买各种日常生活中的用品，培养用零花钱购物。在购物时，父母可以带孩子去，示范明智消费。一位父亲曾带着 6 岁的女儿逛了三家商店，目的是给孩子的妈妈买台物美价廉的 Mp3。最后，他们用最低价买到 Mp3。父亲随即用省下的 20 元钱买了一个孩子向往很久的乒乓球拍，目的是让孩子了解在价格比较之后买东西省下的钱的价值。在寻找物美价廉的商品过程中，差价成为孩子可触知的盈利的证据。对于年长一些的孩子，这样的示范可以让他们在自己支配零花钱时更加节俭。

培养孩子养成有计划消费的习惯，按月给零花钱数额，目的是让孩子总体上有一个大致安排，知道每个月应花多少钱，如何用这些钱，从而养成一个不乱花钱的习惯。同时，在给孩子零花钱的同时，明确限定这些钱的使用范围，并做一个支配零花钱的初步打算，养成精打细算的习惯，定期检查花钱情况和花钱去向，发现有使用不当的地方，及时指出来，晓以利害。不要因为孩子使用不当，就随意减少或不给零花钱。如果那样的话，将会使孩子养成对大人隐瞒和撒谎的恶习。

为孩子建立一个"小银行"，绝不是简单地为孩子开一个储蓄账户。家长可以从孩子上小学开始，每周或每月让孩子自己存上 5 元或 10 元。这样做的好处是：首先让孩子对他的账户存款负责，孩子们总是喜欢他的账户上的钱越来越多，这样，他就不会养成乱花钱的习惯；同时，规定每一次花钱时使用量不准超过账户的 30%，这样，他买东西时就会开始精打细算；再次，告诉孩子，他的账户里的钱还必须尽一些义务，如在过年过节时给爷爷奶奶买些小礼物，这样孩子还会想应该省些钱去做别的用途。长此以往，孩子的储蓄意识会不断强化。

平时，家长还要告诉自己的孩子，还有许多贫困地区的小朋友不能像我们一样正常读书、生活，需要我们的帮助。我们应该节约零花钱，寄给贫困地区的小朋友，帮助他们完成学业，为弱势群体奉献一份爱心。

作为父母，要对孩子的零用钱进行管理，培养孩子的节约意识，锻炼孩子的理财能力，让孩子从小养成勤俭的个性，这样孩子将会受益终生。

第六章

一味高压管制塑造不出良好的习惯

有的家长在教育孩子的方式上一派高压作风，孩子只能完全按照家长的意愿行动，稍有差错便招来指责训斥。长此以往，孩子便会丧失独立性，养成凡事看别人眼色的习惯，这显然不是家长愿意看到的。

1. 不要带着偏见去教育孩子

偏见对一个人的影响是非常大的，有了先入为主的印象后，你就很难正确地评价一个人。在教育子女这方面，家长尤其要留神，千万不要带着偏见去教育孩子。

有这样一个故事：达达是小学四年级的孩子，他很聪明，但性格却十分顽劣，不仅不爱学习，有时候他还喜欢要点小聪明。比如，有一次他就把成绩册上的 39 分改成了 89 分，惹得父母又气又恨。有一段时间，达达看了几本科普书，他觉得自己应当努力学习，长大后当个科学家，也去研究机器人什么的。于是达达开始努力学习，结果在期中考试的时候，竟然由倒数第三名前进到了第 9 名。

那天，他兴冲冲地拿着成绩单冲回家里，结果父亲在反复地检查成绩单的真伪后竟然说："成绩不错，抄同学题了吧！"妈妈也在一旁皱着眉头说："达达，作弊是最可耻的，知道吗？你怎么越学越坏了呢？"

"爸爸妈妈，你们怎么这么说我？"满心等待父母表扬的孩子，心情一下子坠入到谷底，哭着跑回自己的房间。从此这个孩子放弃了努力，他的学习成绩又跌回到原来的水平，因为对他来说，成绩固然重要，但尊严更不容践踏，所以只有选择以一如既往的成绩来证明自己的清白。这不仅是父母的悲哀，更是孩子的悲哀。

由于父母平时对孩子已经有了"孩子成绩差"这样一种刻板的印象，在孩子进步后还是以原来的标准去评价孩子，对孩子造成偏见、成见的错误认识，结果既伤害了孩子的自尊和进取心，也影响了父母在孩子心目中的形象，孩子会觉得父母因为成绩差就打击我，这说明他们不是真的爱我。

然而很多家长都不自觉地对孩子形成了一种带有偏见的认识，尤其是对那些以前"公认"的"坏孩子"。大人们的这种偏见是对孩子心灵的暴力，严重地阻碍了孩子愉快健康地成长。

更糟的是有些家长，一旦发现孩子在年幼时有不聪明的表现，七八岁时有蠢笨的举止，便断言"这孩子脑袋太笨了，这么简单的问题都不会，甭指望他（她）有出息了！"与错误的失望情绪随之而来的，就是父母对孩子的爱骤然降温，从此，孩子则随时能够领教到父母的责骂与轻视。其结果，肉体施暴伤及皮肉，心灵施暴损毁自信，受伤的皮肉很快康复，受伤的心灵却可能一辈子也难以愈合。

下面这个例子就可以让你清楚地看到偏见对人们的影响。

在美国密歇根州的一所大学里，心理学家找了 20 名大学生做了这样一个实验。实验者把这些大学生分成了两组，并向两组同学出示同一张照片，但在出示照片前，向第一组学生说：这个人是一个罪大恶极的罪犯；对第二组学生却说：这个人是一位了不起的人物。然后他让两组学生各自用文字评价照片上这个人的相貌。

第一组学生的描述是：深陷的双眼表明他内心充满仇恨，鹰钩鼻子证明他沿着犯罪道路顽固到底的决心……

第二组学生的描述是：深陷的双眼表明此人思想的深度，鹰钩鼻子表明此人在人生道路上有克服困难的意志……

心理学家得到了他所预见的答案，但对对比如此鲜明的答案，还是不禁哑然！

看到了吗？明明是同一张照片，只不过因为带着偏见去看，就出现了两种完全不同的评价。看来偏见的威力实在是惊人。

我们之所以认为，偏见对孩子成长有危害，不仅因为它会伤害到孩子的自尊心，还因为它会给孩子带来消极的暗示。比如说，在学校里如果老师按照学生的成绩排座位，那么坐在后几排的学生就会认为："这就是说我没希望了，我被抛弃了！瞧，我是差生，永远也不可能坐到前几排，老师当然也不会喜欢我！"这样一来，孩子也就不会再费劲儿地去努力学习了。

一对父母带着他们四岁的小女儿去朋友家做客，闲聊时母亲偶然提起了自己的女儿，"哦，我的凯西简直是个小天使，她唱歌动听极了！来，我的宝贝儿，给大家唱首歌吧！"可是凯西却有点害怕，她看见周围有那么多陌生的大人，这让她有点紧张。爸爸把凯西抱了过来，"唱吧！凯西，别让别人觉得你妈妈在说谎！"可凯西还是害怕，她干脆躲到爸爸身后，周围的人全都笑了起来。妈妈脸色有点发红了，她把凯西推到沙发前，可凯西就是不开口。

回到家以后，妈妈失望地说："这孩子真让人丢脸！这么大了一点勇气都没有。"爸爸也摇头："是呀！简直是个胆小鬼，我都为她脸红！"慢慢地凯西长大了，可是她还是缺少勇气，每当父母说她"胆小没用"时，她都很难过。

有时候，她就希望有一个机会，让她向父母证明自己不是没用的胆小鬼。12岁那年，凯西遇到了这样一个机会，老师打电话给她的父母，希望由凯西代表班级参加歌咏比赛，凯西满怀希望地躲在门后偷听爸爸的回答，"什么？凯西？哦，您还是另派人去吧！她会给您丢脸的！"凯西一下子坐在了地上，从那时起凯西始终是一个胆小怯懦的女孩子。

在这个故事里，我们不能说凯西的性格胆小怯懦完全是父母的偏见造成的，但他们至少对此有不可推卸的责任。每个孩子都不是完美无缺的，因此父母要对他们多一点包容，包容他们的缺点，即使他们的缺点曾让你丢过脸。如果凯西的父母能对凯西多一点包容，少一点偏见的话，那么凯西的人生也许就大不一样了。

父母们都应当认识到，偏见是对孩子心灵的暴力，在教育孩子的问题上，家长不应对孩子抱有任何成见，任何时候都不该有"这孩子注定没出息"的错误思想。否则这种伤害孩子心灵的态度会严重伤害孩子的自尊心，既不能使孩子充满自信，也不利于孩子其他方面的发展和成长。

所以，如果一个平时调皮捣蛋的孩子，突然收敛了往日诸多"捣蛋"的行为，变得安静温顺起来，那么家长和老师就应该相信孩子的变化，赞赏孩子改变自己的勇气和他的上进心，因为这很可能是因为某件事情给他带来了触动。家长每天都应该以全新的眼光来看待孩子，千万不要用旧有的心态评判他们，要知道成长中的孩子可塑性极强，过去不等于现在，更不等于未来。

2. 别再刺伤孩子的自尊心

包容就意味着尊重，开明的父母就是能用包容的手段维护孩子的自尊心、给孩子自信心的人，能包容的父母才会有聪明上进的孩子，那么要让孩子感受到你的包容、你的无条件的爱，首先要做到的就是别拿自己的孩子跟别的孩子比来比去。

丹尼尔是个内向的孩子，从小生活在祖父母身边，祖父母有他们自己的工作要做，没有多少时间注意丹尼尔，因此丹尼尔就越来越沉默了，整天一副心不在焉的样子。后来丹尼尔又回到了父母身边生活，但爸爸脾气暴躁，常常会责骂他。

而让丹尼尔最难过的就是，爸爸总喜欢用比较来证明他有多没用。"你简直白活了 8 岁，看看你成绩真让我为你感到难过。你看看隔壁的唐纳德，他和你念同一年级，年龄比你小两岁，可成绩却是你的三倍！"丹尼尔的学校举行游园会，邀请家长一起参加，孩子们为家长表演了一场舞台剧，唐纳德是主角，他打扮成王子站在舞台中央，而丹尼尔则扮演一位端水的仆人，而且由于紧张，丹尼尔还在舞台上摔了一跤，惹得家长们哈哈大笑。

回到家以后，丹尼尔的父亲又开始责骂起儿子来，"怎么搞的？你为什么要在大庭广众之下丢人！看看人家唐纳德，打扮得漂漂亮亮的王子！你呢，卑微又丢脸的仆人！你为什么就不能学学唐纳德……"在父亲的责骂声中，丹尼尔脸色惨白地缩在椅子上，心里只有一个想法：杀死唐纳德！没有他，爸爸就不会再这样责骂自己了。

两天后，丹尼尔偷出了爸爸的手枪，在学校里打死了唐纳德。悲剧发生后，丹尼尔的父母悲痛得不能自已，用爸爸的话说是："我是爱孩子的呀！只是他的怯懦让我无法容忍。比较也是为了让他进步啊！"

丹尼尔的父亲认为比较可以促进孩子进步，然而这只是他一厢情愿的想法，在丹尼尔看来，父亲的消极比较就是对他的否定，是厌憎他的表现。如果这位父亲当初能对孩子多一点包容，不要拿孩子比来比去，那么悲剧也就不会发生了。

生活中，我们常见到父母抱怨子女说，"为什么莉莉考得比你好呢？""你看看人家童童，科科一百！你为什么就不能向好孩子学学？"……

这就是父母常用的比较，他们习惯于拿他人的优点来比较自己孩子的缺点，也许他们是出于想要激励孩子的好心，但孩子脆弱的心理怎能承受如此的不被肯定，而且还是来自自己的父母。通常的结果是，比来比去把孩子的自信心和自尊心都比没了。

有调查表明，近三分之二的家长喜欢夸奖别人的孩子。这样做往往出于不同的动机，有的是为了刺激孩子，让他为自己感到羞耻；有的是为了激励自己的孩子进步；有的纯属向自己的孩子发牢骚，嫌自己的孩子不争气。无论何种情况，只要家长的比较包含着对自己孩子的贬抑，都是对孩子自尊的一种伤害。

拿别人的优点来与孩子的弱点比较，是一种消极的比较法，只能在孩子心里播下自卑的种子。家长越比较，孩子越会感到自己是个"无用的人"，从而陷入"自我无价值感"的深渊，产生对什么都不感兴趣、破罐子破摔的心理。

竞争是重大压力的来源之一，它会打击人的信心，使本来已有的能力无从发挥。因此，自小便培养孩子与人相比的想法是很不健康的，结果往往是孩子变得更脆弱更经不起挫折和失败。我们要注意的是培养孩子克服挫折和失败的勇气，而不是使其成为竞争的牺牲品。

教育专家认为，任何不加分析的比较都是有害的。每一个孩子都有他自己的个性，因此在教育培养孩子时，应该根据他们各自不同的特点，包容孩子引导孩子，而不能粗暴地、简单地拿自己的孩子跟别的孩子比。

有一个女孩子学习很努力，可成绩却不是很好，在一次考试后，她失望地对妈妈说："妈妈，我考不上大学了！怎么学习都没用，你看小雪轻轻松松成绩就比我好！"妈妈笑了，慈爱地抚着女儿的手说："孩子，这种比较是毫无意义的！无论你的成绩怎样，你都是我最爱的女儿，我眼中最聪明的孩子！不信，你看！你在小学时总是排在倒数第几名，可是上初中后，你已经快赶上中游的同学了！在这所高中里，你的成绩居中，算一算，这些年来你进步了多少啊！离你高考还有一年多，只要你坚持努力，考大学是没问题的。""真的吗？"女儿的眼睛一下子亮了，她站起身向自己房间走去。"妈妈，您说得对，我就像一只蜗牛，虽然爬得慢，但一直在进步！我要再努力一年半，功夫不负有心人嘛！"

这是一位很难得的母亲，她对成绩不好的女儿满怀包容，还运用一种积极的比较给女儿以自信心。可惜的是很少有人能做到这一点，通常家长的比较是拿别的孩子的长处与自己孩子的短处比，但他们又不能对比较的结果进行仔细的分析，而是只看到别人孩子的长处，看不到自己孩子的长处，动辄批评、指责孩子，把孩子贬低得一无是处。但如果父母都能做到像故事中的那位母亲所采取的积极比较方法，也许效果就完全相反。

此外，孩子学习遇到挫折时，寻找"同类"进行比较，也能把孩子从失望中拯救出来。每年高考揭榜时，经常会看到令人心情不好的场面，其中给人印象最深的是落榜者的灰心和痛苦。但也有不少没考上的朋友相聚在一起时，有的是一个人一声不响，有的则以另一个没考上的孩子为例，说"别着急，连××这次也没考好"来自我安慰。

在日常学习中也有一些与此类似的情况，孩子遭受挫折的时候，对孩子谈及与其状况类似的相同者，常常可以鼓励孩子恢复信心。

父母只有包容孩子，才能将孩子作积极的比较，相应的，运用积极比较方法，父母就能更了解孩子的优势和特长，更加包容自己的孩子。

包容就是不去指责孩子的缺点，更不要拿别人的优点来与孩子的弱点比较，这样做只会刺伤孩子的自尊心，对培养孩子的良好性格毫无益处。

3. 孩子的错误也有价值

当孩子做错了事后，心里会感到非常害怕，这时再去责备孩子，只会加深孩子的恐惧，有的孩子甚至因此害怕而不敢承担责任，这会危害到孩子良好性格的形成。父母们应该这样想，反正错误已经造成了，因此也不必再去苛责孩子，现在最重要的是怎样利用这个错误教育孩子，不能让这个错误变得毫无意义。

教育学家认为，最好的父母是那些具有宽容之心的父母，这样的父母教育出来的孩子往往是勇敢而豁达的。这是为什么呢？

举个例子说，一个孩子如果不小心弄坏了爸爸的剃须刀，孩子会很害怕受到父亲的责罚。但如果他的父亲谅解了他，并告诉他剃须刀的正确用法，那么这个孩子就一下子从他所犯的错误中学到了很多东西：一、剃须刀的使用方法。二、负责任。如果以后再犯错误，有了这次的经验，孩子也一定会承担责任。三、宽容。父母是孩子的榜样，父母能够宽容孩子的过错，孩子的性格也会变得宽容大度。

妈妈不在家，5岁的强尼想喝牛奶，于是他决定自己去拿。牛奶在冰箱里，小小的强尼根本够不着，他搬来一把椅子，踩在上面，左手扶墙，伸出右手去拿大罐子的牛奶，却没有拿稳，手一松，整罐牛奶都打翻在地上。牛奶淌了一地，几乎整个厨房的地面上都是。强尼很害怕，他想妈妈一定会很生气的。

意外的是，回家后的妈妈看到这些后并没有发火，却说："我从来都没有见过这么漂亮的牛奶海洋。"看到强尼的紧张情绪已经缓解，妈妈接着说："你愿不愿意跟妈妈一起把牛奶打扫干净呢？牛奶海洋是很漂亮，但是这样子的话地板上就很脏了。"

接下来，妈妈拿着拖把、扫帚带着强尼一起把厨房打扫了一遍。然后，妈妈又把他先前打翻的牛奶罐子装满水，放进冰箱，教强尼怎么拿才不会把罐子打翻。

其实小孩子都是这样，他们尝试去做某些从未做过的事，而父母又不在身边的时候，也许会因为自己的举动给父母带来麻烦。

想一想如果你的孩子不小心打翻牛奶瓶时，你会怎么处理呢？是怒气冲天，大声呵斥孩子："你那么笨啊，连牛奶都不会拿？"还是赶紧自己收拾残局，告诉孩子："没关系，没关系，你不要过来，不要踩到牛奶，让妈妈来收拾。"还是叫孩子一起来收拾，一起承担自己不小心做错的事？然后，再教孩子怎么去做就不会再次出错？

父母应该选择的是第三种做法，这样，你的孩子以后做事就"不怕做错事"，也有信心和勇气不断尝试、实验；尽管有时还是会出错，但他会学习用"心平气和"的心来看待，并勇敢地"自我承担"所做的一切。更为重要的是，他从你的身上学会了宽容别人的一些无心过错。

一天，强尼的朋友、5 岁的约克不小心把强尼辛辛苦苦做好的纸房子给弄坏了。可原本很生气的强尼并没有像往常一样跟自己的小伙伴打起架来，而是拉起约克的手说："约克，咱们再做一个。"强尼想起自己打翻牛奶妈妈都没有骂自己，约克只不过是弄坏了纸房子，那更是可以原谅的了。妈妈站在一旁，欣喜地看着约克："宝贝，你做得很对！""妈妈，我还会教会约克怎么制作小船！"得到妈妈鼓励的强尼高兴地对妈妈说道。

心理学家告诉我们："当一个错误已经发生、覆水难收时，你发再大的脾气，也都于事无补。"大声责骂小孩，也只是使小孩更害怕、更恐惧而已，更糟糕的是，你的愤怒造就的可能就是一个性格胆小狭隘的孩子。在生活中，当错误已经发生时，宽容孩子的错误，教会孩子勇敢面对、勇敢承担才是父母最好的选择。

而生活中，一些父母往往对于孩子太过苛刻，不能宽容，结果他们的孩子根本无法从错误中学到任何有价值的东西，孩子也因此变得越来越胆小畏缩。

马克是个活泼好动的孩子，那天，他不小心将父亲给他新买的鞋子弄坏了。

"马克，你是怎么搞的，把这双刚给你买的新鞋弄坏了。"父亲指着他的鞋问道。

"我在与其他的孩子玩的时候……被一颗钉子划了一下……"马克小心翼翼地回答道。

"被钉子划了一下！"父亲生气地说，"你这个坏孩子，为什么这么不听话！把鞋子弄坏了是小事，弄伤了脚怎么办？那会使你变成残废的。"

这时，父亲的朋友兰特刚好来拜访他，父子俩刚才的谈话都被他听见了，他看见马克难过得都要哭出来了，便走上前去。

"嗨，老朋友！"兰特笑着向他打招呼，"这是怎么回事？你瞧，我们的小马克多不高兴呀！"

"他还不高兴？"父亲指了指手中的鞋子，"这个调皮的家伙把刚买的新鞋弄成了这个样子。"

"是吗？"兰特做出不在意的样子，"我看这没什么问题。一条小小的伤痕并不影响这双鞋的作用啊！孩子嘛，给他讲清道理就行了，何必那么过于严厉。"兰特笑着说道。

"不能轻易饶了他，否则他会变得无法无天起来。"父亲说。

这是一位多么粗暴的父亲，因为一个小小的错误，而且是孩子无意中犯的错误，他就对孩子如此严厉，给孩子那么多指责。这个小错误其实是个教育孩子的好机会，如果他能谅解孩子的无心之过，孩子对父亲将会多么感激呀！这时再告诉孩子，跑跳时要注意安全，要爱惜物品，孩子一定会认真地记下父亲的要求的。

教育学家早已告诉我们，父母的教育对孩子品行的形成影响是最大的，不要总是抓住孩子的错误不放，严厉地训斥他们。因为低俗的教育只能培养出低俗的孩子。因此父母们应当尽可能地宽容自己的孩子。

宽容孩子不是纵容孩子，宽容是为了让孩子在错误中学到东西，让孩子不再犯类似的错误，宽容孩子的错误就是给孩子痛改前非的机会。

4. 宽容才是最好的教育

孩子往往会在自觉、不自觉中犯下这样或那样的错误。那么，父母应该如何教育这些犯了错误的孩子呢？恐怕涌向父母头脑中的第一个念头就是：

严厉地教训他一顿，让他以后不再犯错。而事实上，心理学家告诉我们，宽容孩子的过错才是最有效的教子方法。

你也许曾听过这样一个寓言：北风和太阳打赌，看谁的力量更强大。它们决定比试谁能把行人的大衣脱掉。

北风先来。它鼓起劲，呼呼地吹着，直吹得冷风凛凛、寒冷刺骨，可是越刮，为了抵御北风的侵袭，行人越把大衣裹得紧紧的。

接下来是太阳。太阳高挂在天上，轻柔温暖，行人觉得春暖上身，渐觉有点热，于是开始解开纽扣，继而脱掉大衣，太阳获得了胜利。

人们把这种以启发自我反省、满足自我需要而达到目的的做法称为"太阳效应"。太阳之所以能达到目的，就是因为它顺应了人的内在需要，使人的行为变为自觉。

"太阳效应"给我们的启示是：在处理人与人之间的关系时，宽容比惩戒更有效。

生活中，我们也有这样的经验：当我们在工作中不慎出了差错，造成了损失，自己认识到问题的严重性，深深地感到后悔、自责，既怕受到领导的批评，又觉得应该受到批评，就在等待领导批评处罚的时候，领导了解到你的心情和态度，没有批评和处罚，而是告诫你认真地总结教训，以实际行动尽可能地减少或挽回损失。还安慰你不要因为工作中的过失而背什么思想包袱，以后还要继续大胆工作。领导的这种态度，使你从中受到的教育，恐怕要比挨批评、受处罚还要深刻得多。

为什么宽容谅解会产生如此奇效呢？这是因为，宽容是对人的过失和错误不予追究，谅解是对犯有过失和错误的人的深刻理解和极大信任。当一个人不慎犯有过失和错误，造成了损失和不良影响，自己心里都会感到痛苦和内疚。这时，最需要的恰恰是理解和信任。这时候，别人给予的理解和信任，不但不会使人姑息自己，反而会更加使之加深痛苦和内疚，继而认真反省，痛改前非。

一天，埃德蒙先生回家刚打开厅门，就听见楼上的卧室有轻微的响声，那种响声对于他来说太熟悉了，是阿马拉小提琴的声音。

"有小偷！"埃德蒙先生快速冲上楼，果然，一个十几岁的陌生少年正在那里摆弄小提琴。

他头发蓬乱，外套口袋还露出两个金烛台，毫无疑问他是一个小偷，埃德蒙先生用结实的身躯挡在了门口。

这时，埃德蒙先生看见少年的眼里充满了惶恐、胆怯和绝望。那不是一个孩子应该有的神情。

于是愤怒的表情顿时被微笑所代替，他亲切地问道："你是埃德蒙先生的外甥尼克吗？我是他的管家。前两天，埃德蒙先生说你要来，没想到这么早就到了！"

那个少年先是一愣，但很快就回应说："我舅舅不在家吗？那我先出去玩一会儿，待会儿再回来。"埃德蒙先生点点头，然后问那位正准备将小提琴放下的少年，"你也喜欢拉小提琴吗？"

"是的，但拉的不好。"少年回答。

"那为什么不拿着琴去练习一下，我想埃德蒙先生一定很高兴听到你的琴声。"他语气平缓地说。少年犹豫了一下，但还是拿起了小提琴。

路过客厅时，少年突然看见墙上挂着一张埃德蒙先生的半身像，身体猛然抖了一下，然后头也不回地跑远了。

埃德蒙先生确信那位少年已经明白是怎么回事了，因为没有哪一位主人公用管家的照片来装饰客厅。

三年后，在一次音乐大赛中，埃德蒙先生应邀担任决赛评委。最后，一位年轻的小提琴选手凭借雄厚的实力夺得了第一名！评判时，他一直觉得这位选手似曾相识，但又想不起在哪里见过。颁奖大会结束后，这位选手拿着一只小提琴匣子跑到埃德蒙先生的面前，神情激动地问：

"埃德蒙先生，您还认识我吗？"埃德蒙先生摇摇头。

"您曾经送过我一把小提琴，我一直珍藏着，直到有了今天！"年轻人热泪盈眶地说："那时候，几乎每一个人都把我当成垃圾，当您出现在门口时，我以为自己彻底完了，但是您宽恕了我，让我在贫穷和苦难中重新拾起了自尊，心中再次燃起了改变逆境的熊熊烈火！今天，我可以无愧地将这把小提琴还给您了……"

琴匣打开了，埃德蒙先生一眼瞥见自己的那把阿马拉小提琴正静静地躺在里面。他走上前紧紧地搂住了这个激动的年轻人，三年前的那一幕顿时重现在埃德蒙先生的眼前，原来他就是那个少年！埃德蒙先生眼睛湿润了，少年没有让他失望。

运用容过的手段，埃德蒙先生成功地唤醒了孩子的良知，让孩子彻底改正错误，走上正途。

现实生活中，有些家长由于望子成龙、望女成凤心切，总是容不得孩子有过失、犯过错，认为必须严厉地教育孩子，才能使孩子改过。但他们不知道这样做往往会使孩子产生逆反心理，一些孩子甚至就越骂越疲，干脆破罐子破摔了。因此当我们的孩子犯了某种错误或过失时，如果他自己对错误或过失的严重性已经有了较深的认识，深深地感到后悔和内疚了，这时，做父母的不妨对孩子宽容一些，使其从父母的态度上进一步地感到内疚、悔恨和自责，从而达到彻底改正错误的目的。

宽容孩子非恶意的过错，其实就是对孩子的信任和理解，这样的教育方法会使孩子更好地反省自己，改正错误。

5. 父母要允许孩子犯错误

教育学家认为，宽容的最高境界就是不怕孩子犯错误、允许孩子犯错误，因为不断犯错误，不断吸取经验教训，正是孩子成长的必经之路。

强强 5 岁了，是一个虎头虎脑的小家伙，力气大，活泼好动。妈妈常对别人夸奖强强说："我从来不娇惯孩子，强强自己穿衣服、吃饭，从来不用我们操心！"就像妈妈说的那样，强强确实是个好孩子，不但自己的事情自己做，还总想帮妈妈忙。

有一天，妈妈出门买菜，把强强一个人留在家里看电视。强强看到电视中一个小朋友帮妈妈洗衣服的画面，于是决定自己也试试。他拧开水龙头把家里的几个桶、几只盆全都盛满了水，然后打开妈妈的衣柜，把妈妈的衣服一件件地取了出来……

妈妈终于回来了，强强满脸兴奋地站在妈妈面前，准备接受妈妈的表扬。

"我的天！你做了什么啊？"妈妈看到浸泡在水里的皮大衣、毛料套裙、羊毛衫，还有两双皮鞋，一时间气得脸色发紫！在妈妈怒气冲冲地斥责里，强强惊恐万状、不知所措，终于吓得"哇哇"大哭起来……

这位妈妈为儿子会动手做事而骄傲，但却不能宽容儿子因好心而犯下的错误，而她的责骂必然会给孩子参加家务劳动的主动性和积极性带来沉重打击。可以说，妈妈对孩子犯错的处理态度和方法是不妥当的，应当首先问清楚具体的情况和原因，孩子完全是由于缺乏经验，是好心做了错事。这就应当给予宽容、谅解，然后再具体指导孩子如何打扫卫生。这样既保护了孩子参加家务劳动的积极性，又使孩子学会了如何打扫卫生，就是一举两得，那有多好。

意大利著名女教育家玛丽亚·蒙台梭利所倡导的教育方法就是"容过"，

即不要怕孩子犯错误，要允许孩子犯错误。在蒙台梭利看来，父母怎样对待孩子犯错误，及其怎样对待孩子改正错误的态度才是重要的。尤其是父母对待孩子犯错误和改正错误的方式、方法，将直接对孩子产生重大影响，决定孩子正确对待和处理错误的态度和行为。

那些被父母轻视的孩子，性格变得害羞、沮丧和恐惧的例子，在我们身边举不胜举。"我做不好"，所以"我干脆不做"——这就是孩子在犯错误之后，不能及时得到正确引导、矫正的结果。要解决这样的问题，最好的方式就是允许孩子犯错误，让孩子在错误中得到经验和教训，并从中学习到改正错误的方法。

蒙台梭利说在传统的管教方式里，孩子的训练是受两条准则的引导：奖赏和惩罚。大部分父母认为，改正孩子的错误和批评孩子是他们的主要任务，于是当孩子有了过失之后，他们就先不分青红皂白地训斥孩子一顿。在训斥警告过孩子之后，有的父母会问一下孩子犯错的原因，有的甚至连问都不问，这是极不恰当的。蒙台梭利认为家长应宽容孩子的错误、和颜悦色面对孩子的错误，容许孩子逐渐改正过来。

有一位中国教育工作者去瑞士访问，一位瑞士同行热情地邀请中国人去他家里做客。闲谈了一会儿后，主人就带着中国客人去楼上看他三岁的儿子。当他们来到孩子的小房间时，发现那个调皮的小家伙正在制造一场"灾难"：他用剪刀把窗帘剪出了好多洞，又把那些碎布片用胶水粘在墙上。中国客人想，这位父亲一定会狠狠地骂孩子几句，甚至打他一顿，但是出人意料的是，爸爸兴奋地冲上去抱起了儿子："哦，宝贝！你简直是个天才，这么小就会用胶水和剪刀了！不过我的孩子，你最好别动床单、窗帘什么的，那可是你妈妈的宝贝！晚上爸爸再教你怎么使用它们！"小家伙乖乖地交出了"凶器"，跑到一边玩模型车去了！中国客人目瞪口呆地问："你不教训孩子几句吗？我以为你至少应该让他知道自己闯了多大祸！"主人笑着说："不，犯错是专属于小孩子的自由，我不能粗暴地打他，骂他，我不希望孩子犯错，但更不希望孩子因为害怕犯错，就什么都不去做！"

这位瑞士父亲的做法就很值得我们反省、深思，这种教育方法也是对"容过计"的一种很好的阐释，仅仅宽容孩子的错误是不够的，还要允许孩子犯错误。如果父母们总是把错误看成是罪魁祸首，甚至不惜一切地避免孩子犯错误，那么孩子就会渐渐变得畏缩，什么也不敢去尝试。

当然，允许孩子犯错误，还有一个允许到什么程度的问题，这就要求父母对待孩子所犯的错误，设立一个合理的限制尺度。

我们给孩子的自由是限制之内的自由。比如给予孩子在家中自由活动的自由；给予孩子选择的自由，支配时间的自由；孩子自己选择学习或娱乐的自由；自己选择独处或与其他孩子交往的自由……我们所给予孩子的这些自由，应当是在限制之内的——孩子不可以干扰或伤害别人！这就是明确而坚定的合理限制。

允许孩子犯错误，也是为了让孩子从中学会处理错误的方式、方法，这对孩子的健康成长来说是至关重要的。

6. 艺术地批评才能让孩子更好地接受

当孩子的行为出现偏差时，批评是必不可少的，然而批评的方式也有正确错误之分，而方法正确与否，会直接影响到孩子能否虚心接受父母的批评，因此批评孩子也一定要艺术。

家长对孩子进行批评是为了抑制孩子的不良行为、不良性格与不良学习态度。为了达到这个目的，就要正确运用批评的心理学原则与心理艺术，否则就可能适得其反。除了批评不可过度之外，还应该忌讳以下几点：

（1）对小错误揪住不放

父母总是希望自己的孩子是最好、最优秀的，为此，他们不能忍受孩子犯错误，大到考试成绩是否理想，小到扣子是否系好，头发是否梳理成父母喜欢的发式，一切的一切，他们都要插手。

事实上，只要孩子不是犯错过大，对一些不符合父母标准的小错误，父母可以加以提醒，不需要横加指责。过多地指责会使孩子常常处于无地自容的境地，尤其是在生人面前斥责孩子，对孩子的打击更大。时间长了，孩子就会形成一种消极的思想，如"我不行"、"我干不了"等，埋下自卑的种子。

对于小错误，父母应当保留孩子的面子，做出适当的提醒。对于大错误，父母同样应该注意孩子的心理承受力，防止批评过度。

（2）不分青红皂白乱批评

一位工作了一天的母亲下班后，看到孩子看电视，就板着脸对孩子说："你怎么一放学回家就看电视，你这样能够把作业做好吗？我辛苦供养你，你就是这样回报我的吗？"

孩子马上说："妈妈，您不了解情况别乱批评，怎么能说我一回家就看电视呢？我回来已经做了一小时的作业了，我刚看了几分钟您就说我老看电视。"

他妈妈说："你还说没看电视，太不听话了，我看你考试怎么办。考不好再跟你算账。"母子俩为此争吵了起来。母亲批评孩子是为了使孩子专心致志做作业，批评的目的没有达到，反而引得母子俩心里都不愉快，实际上也影响了孩子做作业的情绪。

批评要合理，批评合理才能使孩子从心理上产生接受感。家长对孩子进行批评首先要把孩子不良行为的事实搞清楚，事实不清，夸大其词会使孩子产生拒绝心理。

（3）批评孩子时翻旧账

一位初中学生把自行车钥匙丢了，回家后告诉了妈妈，没想到妈妈借题发挥说："上个月叫你去买菜丢了10块钱，刚买的新圆珠笔没用多长时间也丢了，半年前买的篮球没用多长时间也找不着了。"本已内疚的孩子更加内疚地低下了头。

一些父母批评孩子不是就事论事，而是东拉西扯，翻老账，把上星期，甚至一年前、两年前孩子的过失都放在一块算。这样就冲淡了要批评过失的主题，孩子也不知道挨批评的重点是什么，让他改正什么也不清楚，容易使孩子产生消极情绪。这也不是，那也不是，总是有缺点，这样会使孩子失去信心。

以上的批评方法常常会损害孩子自尊心，造成反效果。

正如赞赏孩子是一种艺术一样，批评孩子也可以很艺术，以下是一些较为合理的批评技巧，希望能有助于家长朋友更好地管教自己的孩子。

（1）语气一定要平和

一边是大声哭闹的孩子，一边是以尖厉声音训斥孩子的母亲。每遇到这种情景，就让人联想起下面的一项研究。

美国康奈尔大学的语言研究小组与美国海军共同合作，试图从心理学角度证明《圣经》中"温和的问答可消除愤怒"这句话的真实性。这项研究最初的目的，是想调查发布命令时最合适的声音高度。他们使用电话和船上的传声筒，用各种高度的声音进行提问，结果显示，发问人的声调越高，答话人的声调就越高，否则，就相反。类似的，耶鲁大学的心理学家霍布兰特所进行的研究也表明，温和的讲课方式比辩论式、演说式的讲课方式更能提高学生的理解程度。

这些研究给教育者一定的启示。即面对大声哭闹的孩子，若母亲也提高声音去责备，孩子哭声只能越发尖锐。甚至可以说，母亲的高声调才是孩子大声哭叫的原因。事实上，母子间的这种争执会越来越严重，一直持续到有一方精疲力竭为止。相信大家都见过这种情形。

由此我们归纳出结论，即与平时说话相比，批评孩子时更应该压低声音。低沉的声音与高亢的情绪成对比，可令人感到理性。换句话说，压低声音讲话，不仅给对方以理智的感觉，事实上也能使自己变得理智。这样，我们才能不受感情的支配，才能冷静地观察对方，引导哭叫的孩子回到理性的世界。

（2）心平气和地批评

一位小学四年级的学生，每天放学回家就打游戏机，他妈妈看见后就骂他一顿，结果这孩子还是照样回家之后就先玩游戏，因为他总比他妈妈先到家，后来他妈妈也觉得总这样训斥他，也不是解决问题的好办法，于是就主动和孩子谈心，并主动承认过去批评他有时态度不好，同时又帮他分析玩游戏的害处。母子俩通过谈心有了共识，孩子当场表示，以后要克服回家先玩游戏的习惯。从此，孩子终于改掉了这个坏习惯，学习成绩明显提高了。

批评孩子时，要心平气和，态度和蔼，这样孩子就会更容易接受些。如果粗声粗气、瞪眼拍桌子，气氛紧张，孩子往往会为应付批评，为了避免挨骂挨打，而撒谎为自己的错误辩护，这样就很难收到好的效果。

（3）利用外人来批评孩子

有时父母一百次的责备，不如别人的一句话有效。

有的母亲说："我家的孩子太调皮，不能带到别人家去。"的确，有时把孩子带到亲戚家或熟人家去时，孩子举止不礼貌，会令母亲不好意思，很为难。因为孩子知道父母在别人家不会过分批评自己。并且，往往当母亲一责备孩子时，这家人就会说："行啦，孩子嘛，何必对他太严苛。"这时，孩子抓住了大人的这种心理，会更加闹得起劲。

在这种情况下，大人与其自己批评，不如试着问主人："你家能允许孩子这样淘气？"虽然不会有许多人说"不允许"，但这时对方的态度也会令孩子懂得自己这样做是不受欢迎的。而且以"做客是不能这样淘气的"这种规矩来要求孩子，反而能很容易地进行礼节教育。因为孩子对他人比对自己的父母更强烈地感受到"社会"。

如果能很好地利用孩子不得不听别人的话的心理，带其到别人家拜访时，也可以积极灵活地利用别人家作为让孩子学习礼节的场所。当然在这种情况下，需要事先与对方家里协调好。例如，让对方家的主人按照自己家的规矩要求孩子，这样会获得更好的效果。

（4）对孩子要责罚有度

不要孩子每做错一件事就责罚他一次。如果是这样的话，孩子一天大概会被责罚到上百次。吹毛求疵对父母和孩子都是不好的，可能会滋长孩子的对立情绪，以致形成逆反性格。因而，父母要懂得可以不挑剔的时候就不要挑剔。

父母要了解孩子在不同的年龄时，会有些什么样的行为。了解以后，就不会对孩子的某些举动过于忧虑或生气了。惩罚一定要合情合理，假如孩子偷了小朋友的玩具，教导孩子把东西还回去并且向小朋友道歉；假如孩子在家中乱丢东西，那么，整理东西的工作就要让孩子来做；要是孩子要脾气，又踢、又叫、又捶，就要让他一个人待在房间里直到恢复平静为止。

责罚孩子的时候不要过于严厉，责罚一定不要变成虐待或是伤害，责罚的时间也不宜太长。更不要用嘲笑辱骂的方式来责罚孩子，嘲笑辱骂的字眼会长久地烙在孩子的心中，使孩子变得孤僻、易怒、彷徨和多疑。

不良性格的形成是一个从量变到质变的过程，因此，在孩子有不良行为发生时，就要及时制止批评，也只有及时合理的批评才能达到教育孩子的目的。

下篇 找对方法

合同式教育是培养孩子良好习惯的新途径

　　有的家长可能说，这也不行，那也不好，到底用什么方法可以教育孩子养成良好的习惯呢？事实上，在这个问题上没有什么灵丹妙药，在上、中两篇中我们主要阐述了与习惯养成相关的问题，以使家长对此问题的思考和探索更加深入。同时在本篇里我们重点介绍一种合同式的教子方式，希望对家长们培养孩子的好习惯有更加直接的参考价值。

第七章

培养孩子做人做事习惯的合同

做人做事这个题目放到孩子身上似乎大了些，但是要知道，一个人做人做事的诸多习惯大多数是从小养成的，如果不从现在抓起，等他长大成人，一些坏习惯影响他的生存与发展时就晚了。有意识地跟孩子签一些这样的合同，在养成良好习惯的同时，让孩子成长得更加健康。

1. 改变孩子急躁脾气的耐心合同

人们谈到对某个人的印象，大多会提到某某是个慢性子，某某是个急脾气，可见脾气的急与缓能给人留下很深的印象。脾气急躁有很多坏处，小孩子脾气急躁做事便没有耐心，大人脾气急躁会让人觉得不能托于重任。有的人认为一个人的脾气是天生的，很难改变。很难改变不假，但只要家长付出努力，别用你的急躁脾气去校正孩子的急躁脾气，就一定能见到成效。

陆凯是个机警、反应敏捷的孩子，但同时他的性格也是很急躁的。吃饭、走路、说话无不表现出一个"快"字。每次跟大人一起做事情，都是他在催促爸爸妈妈怎么样怎么样，有时，甚至人家话还没讲完，他就抢过话头把自己的观点表述个不停。

这一年元旦，陆凯和爸爸、妈妈、奶奶一起打扑克牌。爸爸发现，每当陆凯手里有好牌时，他便焦急地催促坐在他左边的奶奶快些出牌，他这样做就是为了自己能快些出完手中的牌。

于是，爸爸对陆凯说："玩牌是大家共同参与的游戏，你要给别人一点思考的时间才行，不能只是为了你一个人能早点赢牌就不顾别人。这样下去，谁还会再跟你一起玩呢？"

陆凯若有所悟地点点头。但是过了一会儿，他还是不停地说："快点出吧，我这次的牌又特好！"

结合儿子平常遇事总爱脾气急躁的表现，爸爸意识到自己对孩子在这方面的教育出现了空白，如果不及时纠正，不管对他日常的学习还是对他将来的成长，都坏处多多。

耐心被认为是一个人心理素质优劣、心理健康与否的衡量标准之一，也是孩子未来成功的关键因素之一。培养孩子的耐心、帮助他克服急躁的毛病，不仅对他在学习上有帮助，而且对他今后的人生道路也有很大的影响。

培养孩子的耐心和意志力建议使用如下方法：

①确立目标法。家长应该指导和帮助孩子制定短暂和长远的目标，使孩子有努力方向。孩子心中有了目标，有了"盼头"，他就会为表现出坚毅、顽强和勇气，为实现目标而努力，确立目标一定要恰当，应该使孩子明白这目标不经过努力是达不到的，经过努力就能达到。目标不能太难或者太容易，太难或太易的目标都不能锻炼孩子的意志。另外，目标如果是合理的，那就应当要求孩子坚决执行，直到实现为止，不能迁就孩子，更不能让孩子半途

而废。

②独立做事法。应尽可能让孩子独立活动，比如让孩子自己穿衣，自己完成作业，等等。孩子在进行这些活动时，必定要克服一些困难、障碍，也正是在克服困难的过程中，使他的意志得到了锻炼。假如孩子不能独立完成这些活动，父母也不应立即去帮助，应该"先等一会儿"，要让他自己去解决困难。当他战胜了困难，达到了目的，会显示出一种经过努力终于胜利的满足感。在这个过程中，孩子的耐力和意志也就随之增强。

③解决困难法。父母应该有意识地为孩子设置些障碍，为他们提供克服困难的机会，使他们在生活的道路上有点小小的坡度。倘若把孩子前进道路上的障碍全部清扫干净，他现在可能平平安安，日后就会逐步失去走过坎坷道路的能力。

④自我激励法。孩子的意志品质是在成人严格要求下养成的，也是他们在日常生活中经常自我控制的结果。父母应时常启发孩子加强自我控制。自我鼓励，自我禁止，自我命令以及自我暗示等，都是意志锻炼的好方式。比如，当孩子感到很难开始行动时，让孩子自己给自己下个命令："大胆些！""不要怕！""再坚持一下！"等。

⑤充分肯定法。对孩子在活动中表现出来的意志努力和取得的点滴进步，父母要给予合适的肯定和赞许。赞扬、鼓励可以鼓舞孩子的勇气，提高孩子的信心，有利于意志的锻炼。在孩子没有耐性完成计划时，家长要进行具体分析，切忌说："我就知道你完不成任务"，"我早就说你没常性"等丧气话。否则，只能使孩子一次次增加挫折感，而最终失去做事的信心与耐心。最后，要提请父母注意的是，人的意志品质与性格特征有着一定的关系。因此父母在培养孩子耐心与意志力时，还应该充分考虑孩子的不同心理特点。对性格内向的孩子应加强果断性和灵活性的锻炼，培养他大胆、勇敢、坚毅的品格。

父母可以从孩子的兴趣着手，选择一项孩子感兴趣而又能够适应的活动，作深入持久的培养；为孩子制定与其年龄相适应的、相对严格的生活作息制度，借助家长的督促，来培养孩子的耐心。为孩子设立一定的困难情景或有目的地让孩子接受一些磨难教育，通过挑战和考验提高孩子的心理承受力，达到培养耐心的目的。

对孩子的合理要求，只要情况允许，不要立刻满足，这叫做"延迟满足"。要让他等一段时间，让他学会忍耐，让他知道这个世界的事情不是他想怎样就怎样的，他所要的东西不是立刻就可以到手的。要磨他的脾气，炼他的性子，使他变得更有弹性，更有耐心，这对孩子做事是非常重要的。对孩子的不合理要求，家长必须学会拒绝，否则就是在鼓励孩子放纵自己。这方面特别要注意的是父亲和母亲要互相通气，保持一致，以免孩子钻空子。家长应该有意识地给孩子设置点障碍，为孩子提供一些克服困难的机会。因为耐心是靠坚强意志磨炼出来的，越是在困难的环境中，越能锻炼孩子的耐心。

附：爸爸妈妈跟孩子签订的克服急躁的合同

甲方：爸爸妈妈

乙方：_____

甲乙双方都认识到，乙方的急躁脾气给乙方的学习、做事、交朋友都带来了不好的影响，乙方决心克服它，甲方愿意给予支持和指导，为此双方签订如下协议：

①每当遇到交谈的情况，乙方应仔细听别人把话说完，不许抢话头，打断别人的话。

②在等公车时，乙方不应左顾右盼，站立不安，车该来时自然来。

③对于甲方告诫的话，乙方应用心倾听，不能总说："烦死啦。"也不能

在甲方还没有说完的情况下，即点头敷衍。

④乙方在作业没完成的情况下不可以做其他的事。

⑤如果乙方选择了在课余时间学习某种技能，决不能半途而废。

⑥乙方的作业本从始至终要书写清楚工整，不能有一页不工整。

⑦乙方的计划（学习、锻炼等方面）一经制定，不能随意更改。

⑧乙方在感觉自己心里着急时，心里从 1 默数到 100。

⑨每过一段时间甲方对乙方克服急躁的情况进行总结，如有进步应给予奖励。

⑩本合同自双方签字后生效执行。

甲方（签字）：_____   乙方（签字）：_____

     年   月   日   年   月   日

合同执行要点：

①父母要通过和孩子交谈帮助孩子认识问题，培养孩子的耐心。如果孩子因为玩不好游戏而大发脾气，干脆不玩游戏。那么，父母可以告诉他，这些事的确使人不高兴，但是拒绝游戏也解决不了问题，然后再引导孩子完成它。

②父母要以身作则，教育孩子时就要有耐心。孩子做错了事，要给他讲道理，耐心地告诉他错在哪里，即使在拒绝他的不合理要求时也要使其心悦诚服。父母要经常结合身边的人和事，讲讲历史上的成功故事，让孩子认识到每一个成功的人，每一项成果，无不是经过几年乃至几十年坚持不懈的努力的结果，没有耐心是无法取得的。父母要让孩子意识到，成功是件了不起的事，但过程往往是枯燥无味的，是需要耐心和毅力才能达到的。

③在日常生活中，父母可以要求孩子帮助做一些力所能及的事，如洗菜、擦桌子、洗碗等等。刚开始孩子会漫不经心地边做边想玩，此时家长就要站在一边，教孩子做事的全过程，让孩子用心去做，直到把事情做好。要集中

孩子的精力，使他们持久地沉浸在一种活动中。要让孩子知道，生活中许多事是需要耐心和等待的。不能因为孩子饿了马上要吃，渴了马上要喝，想要什么立即就给买。

④家长可以给孩子找点需要长期坚持的事情做。例如天天扫地、照顾邻居老人、坚持晨练、写日记等等，至少要能坚持一个学期。这种事对培养孩子耐心作用非常大。不过要和孩子商量，不要硬派，让孩子自己下决心去做。

2. 改变孩子任性习惯的自制合同

现在城市家庭中一般都是独生子女，对孩子娇惯、尽量满足其愿望就成了常见的现象，从而造成了孩子任性的毛病，稍不如意就要脾气、闹性子。这样的孩子走上社会以后要处处占先，受不了一点委屈，很难与周围的人相处，会给自己的工作、事业和生活增添不小的障碍。

李亮亮一家一直和爷爷奶奶生活在一起，两位老人都特别疼爱这个可爱的小孙子，甚至有点疼爱过头了。比如，李亮亮要是想得到一些自己喜欢的东西，他只要对爷爷奶奶撒撒娇，发点小脾气，那么，李亮亮想要的东西、想做的事就一定能够得到和实现，这就是李亮亮的"杀手锏"了。也许由于爷爷奶奶的过分溺爱，李亮亮不知不觉形成了任性、专横的性格，只要在生活中遇到一些自己不称心的事，他便使出"一哭、二闹"的"招数"。

有一天晚上，电视里播出一种休闲食品"海苔"的广告，不得了了，李亮亮赶紧让爸爸妈妈去给他买。爸爸说："亮亮，这产品刚打出广告，我们家附近不一定会有呢，等周末有时间我去超市转转，一定给你买呀。"

可是李亮亮恨不得马上吃到嘴里，见爸爸妈妈不理他，干脆一屁股坐在地上，冲着妈妈大喊大叫起来。

爸爸生气地说："起来，快回自己的房间去。"

李亮亮见爸爸真的生气了，就收敛了一些，不情愿地走进房间，生闷气去了。奶奶见孙子受了委屈，不高兴了，忙追进亮亮的房间好言安慰，爷爷则下楼给亮亮买海苔去了。

爸爸觉得这样下去亮亮会被惯坏的，必须痛下决心改变这种状况，让亮亮成为一个懂事的孩子。于是他找时间与两位老人做了一次长谈，一开始老人自然不接受，但经他剖析利弊，从孩子的长远发展出发，老人答应配合儿子校正孙子的任性习惯。

作为家长要明白，任性与有个性是两码事，任性是无论什么事都要遂了自己的意才行，而个性是在某些方面特立独行，坚持自己的行为风格。保持好的个性、改掉任性是每个家长应帮助孩子做到的。

天津市教育科学研究院孟育群教授对亲子关系进行了 10 年的研究，她的调查表明：绝大部分家庭亲子关系都存在不同程度的问题。其中对孩子过分溺爱的父亲与母亲人数分别达到 40% 和 60%。许多家长对子女的要求几乎有求必应，可换来的结果是，子女不尊重父母，不理解父母，甚至走入极端。

有些孩子脾气特别急躁，个性偏，很有主意，稍不满意就会和父母"较劲"，表现非常任性。但他们的任性时间短暂，事情过去了，很快就忘记了。这类孩子的情绪控制能力和挫折耐受力比一般孩子差，常因较小的精神刺激就突然爆发出强烈的愤怒情绪，甚至产生一定程度的暴力行为，其情绪和行为具有突发性、不稳定性和反复性，给人的感觉是非常任性。"极端自我中心"的生活环境是造成任性的主要因素。在孩子正常的成长过程中，会出现自我意识非常强烈的阶段，这时如果父母对其迁就、放任，任由孩子指挥一切，他们的自我中心意识就会极度膨胀，从而表现为极端任性。这在祖辈身边长大的独生子女中体现最明显。如果老人当着孩子的面反复说他任性，又给了孩子一种心理暗示，进一步引导他朝着"任性"的方向发展下去，那么可以说，这种孩子的任性完全是成人"培养"出来的结果。

大多数孩子任性的形成，有以下几个原因：

①家长对孩子溺爱、娇惯、放任、迁就。孩子任性往往与他们在家庭中受到百般宠爱有很大关系。

②家长对孩子的态度简单粗暴。有些家长教育孩子要绝对服从父母，造成孩子的逆反心理，不管家长说得对不对，孩子都不接受，从而埋下了任性的种子。

③家长蔑视孩子的人格。有些家长总在他人面前数落孩子，刺伤了孩子的自尊心，在这种情况下，孩子虽然心里明白是自己错了，可为了保全面子也不接受父母的批评，于是就以"拧"来对抗。

④父母之间教育孩子的意见不一致，孩子从一方得不到满足后，又从另一方找到了突破口，从而表现出任性。

⑤有些孩子是由祖辈带大的，他们的需求容易得到满足，一时遭到拒绝，孩子就会任性地报复。

在对孩子进行家庭教育中，家庭成员要协调一致，互相配合，使孩子的品德和行为按照统一的要求发展。在现实生活中很多家庭都是以孩子为中心，当孩子有了缺点、错误时，有的主张批评教育，有的却包庇护短，家庭成员在认识和要求上的不一致，必然会以不同的态度，不同的做法，不同的情绪暴露在孩子面前，孩子当然喜欢袒护自己的那一方，会与批评自己的一方闹别扭。这不利于孩子的教育，以致使孩子养成任性、是非不清、听不进正确批评、常常无理取闹等不良品德和行为。

孩子希望父母把他们看成能自立的成年人，常常会计较父母和他们说话的口气和态度。但是父母如果仍像他幼小时一样看待他，这就会使他们为自己的才能和自立没有得到父母的信任而感到不愉快，而形成执拗的个性。再有，父母往往在遭到孩子拒绝时，恼羞成怒地强迫他立刻服从，这就极易使孩子因恼火而失去理智。在这种情况下，最好给孩子一点时间让他平静下来，好好想一想，告诉他："你是个懂道理的人，想一想该怎样做才好？"孩子的头脑冷静下来后，就会听从父母的劝告。父母一方面要有严格的教育，一方面又要尊重所教育的对象，两者互相结合，孩子的任性就可以纠正。此外，多让孩子参加集体活动，在小伙伴的督促下，孩子的任性就很难有立足的余地了。

附：爸爸妈妈跟孩子签订的自制合同

甲方：爸爸妈妈

乙方：＿＿＿＿＿＿

乙方已经是个大孩子了，应该懂事了，爸爸妈妈因为乙方有时候表现得过于任性而感到着急。乙方也决心通过自制改掉任性的坏毛病，为此双方协议如下：

①乙方在向甲方提出某个要求之前，要先想一想自己是否真的需要，自己的要求是否合理。乙方要努力学会克制自己的欲望，不提无理的要求。

②乙方应明白，从现在起甲方不会对乙方有求必应，当甲方拒绝乙方的要求时，乙方可以讲清理由进行申诉，如果理由正当，甲方会尽力满足，如果理由不正当，甲方会坚决拒绝，此时，乙方不能无理取闹，不能以不吃饭、不上学相威胁，否则，甲方将取消乙方一星期的零用钱。

③无论何种情况下，对甲方和爷爷奶奶、老师要尊重，不能因为自己的要求没有满足就顶撞。

④受到批评时要先想想自己是不是真的错了，错了就承认错误，如果其

中有误会，可以及时讲清楚。不能受了委屈就哭闹、抵触。

⑤跟同学、小朋友一起玩耍时，要懂得谦让，不能以自己为中心，抢占他人的东西。

⑥玩游戏只能周六、日各玩一个半小时，平常不能玩。乙方必须遵守玩游戏、看动画片的时间限定，每按时停止玩游戏一次积10分，超过时限一次扣10分，积够100分全家一起去乙方喜欢的餐馆吃一次饭，积够500分甲方为乙方买一件特别的礼物。

⑦甲乙双方遇到问题时应以平等的身份沟通，甲方不能以大欺小，乙方也不能恃小"欺"大。

⑧本协议自双方签字后生效执行。

甲方（签字）：＿＿＿＿＿＿　　　　　乙方（签字）：＿＿＿＿＿＿

　　年　　月　　日　　　　　　　　　年　　月　　日

合同执行要点：

①当孩子提出不合理要求哭闹撒泼时，不要急着去哄，以免形成恶性循环。让他把"小脾气"及所有"本事"都使出来，由于家长冷漠的反应，当他明白这些并不管用时，他会对自己的行为重新加以考虑，有时会自觉放弃不合理的要求，此时父母再去说理教育也不迟。

②避免无原则迁就孩子，父母尤其要减少对孩子的呵护，养成孩子自己去克服困难，锻炼意志的习惯。

③孩子的任性行为中有时蕴藏着积极的因素，父母应对此加以引导，既要不伤孩子的自尊心，又避免了孩子的任性行为。

④当孩子任性起来，吵着要这要那时，父母设法把他的注意力、兴奋点转移到其他的事物上去，使他忘却那些不合理的要求。

⑤表扬和批评并用。孩子任性时，不要当着别人的面训斥他，顾及孩子的自尊心。鼓励孩子向那些听话的伙伴学习。

⑥父母要求孩子做的，自己首先要做到。父母要控制自己的情绪，不要当着孩子的面发脾气。

⑦孩子有时任性是因为知识少，认死理，往往把错误的行为当成正确的行为，固执已见。父母要想办法使孩子扩大视野，增长见识，孩子知识多了，就会改变自己一些错误的做法。

3. 培养孩子自尊习惯的尊重合同

自尊心是什么？简单说来，自尊心是个人的要求受到合理的、正当的尊重的一种情感。自尊是否也会成为一种习惯意识，一个孩子变好变坏，是由很多因素决定的，其中维护孩子的自尊心，是保证孩子健康成长的重要因素，也是激发孩子积极向上的内在动力。

在一个星期五的晚上，张阔的姑姑过来吃晚饭。爸爸开玩笑地说："张阔，跟姑姑说说，今天老师叫爸爸去学校干吗呀？"听到爸爸的话，张阔的脸腾地红起来。

姑姑惊讶地说："怎么了，老师叫家长了？"一句话说得张阔简直抬不起头来。这可是张阔上学五年以来第一次被"老师叫家长"。他不好意思地笑了笑。

姑姑于是问爸爸："是什么事呢？"爸爸故意神秘地对姑姑说："欺负女生！"

"啊？阔阔，你是男孩子，好男不跟女斗呀。怎么可以欺负女同学呢？"姑姑对着一边不知所措的张阔讲。

只见张阔站起来一边冲着爸爸说："哎呀，别提了。"一边跑到房间里去了。

这时，爸爸才跟姑姑解释说："阔阔想跟他班上那几个学习好的女同学一起玩，人家可能是因为他是男生吧，不带着他玩，于是，阔阔把坐在前面的女生辫子悄悄绑到椅子上，当老师提问到那个女生时，她站起来差点摔倒了。而且，不仅被辫子拽疼了，还惹得其他同学哈哈大笑。她就哭起来了。"

姑姑这才明白是怎么回事："哦。原来是这样的。看来得教育阔阔，尊重别人，不能伤害别人的自尊心，才能被别人尊重呀。"

"不过，"姑姑说："你当着我的面揭阔阔的短，也是对孩子的不尊重啊。"爸爸听了似有所悟地点了点头。

自尊者尊人，一个没有自尊心的"二皮脸"，很难想象他会尊重别人，而这样的人也很难得到别人的尊重。

随着孩子年龄的增长，他会逐渐开始懂事了，这时他需要得到家长和周围人对他的尊重和信任。满足孩子这种精神上的需要，会使他产生一种喜悦、欢乐的情绪体验，有利于良好心理习惯的培养，使他们更能接受和正确对待父母的教育，非常有利于他们的学习和生活。无数研究表明，在孩子发展自尊心的过程中，父母的关心是极为重要的。反之，就会使他们产生失望、消极的情绪体验，还会影响他们的成长和进步。

心理学家认为，自尊心得到尊重的孩子，常常表现出一种充满信心、朝气蓬勃、积极向上的精神面貌。自尊心强的孩子有三个主要特征：①在家里得到较多的爱护和赏识；②父母给他们规定了严格的行为准则；③家庭富有民主并且很开放。相反，低自尊的孩子经常感到孤独和忧愁，感到没有人爱他们，不能积极主动地参加各种活动，不能与父母、老师和同学友好相处，他们无论做什么事情都缺乏自信。如果自尊心受到伤害，孩子则会胸无大志、自暴自弃、消极悲观、不求上进。培养孩子的自尊心要从塑造孩子的优良个性的整体出发，要与培养诚实、正直、谦虚、宽厚、勇敢、开朗、有毅力、负责任、热爱集体、热爱人类等品格因素联系起来。还要教育他们把自尊心发展提高到集体荣誉感、民族自信心和自豪感上来。

孩子渴望被家长和老师尊重，被同学尊重，所以当孩子的自尊心受挫折时，家长要积极地进行开导，并作具体保护。

首先，当孩子学习不好或做错事的时候，父母不要使用挖苦嘲笑的语言，骂孩子是"笨蛋"、"白养活了你"等。这样容易损伤孩子的自尊心，使孩子产生自卑感，同时会影响孩子的智力发展，使怯懦的孩子更加怯懦，情绪执拗的孩子会激发他们强烈的对立情绪。越是奚落孩子，就越使孩子感到羞辱和痛苦。所以，孩子一旦做错事，家长要耐心说服，讲清道理，帮助孩子纠正，不要过分指责，更不能讽刺、打骂。惩罚时也要注意到尊重孩子。对孩子的错误要从正面示例，正面引导。批评要讲究方式方法，让孩子感悟到父母是真心地爱护、尊重自己，并非有意与自己过不去。不能不分场合地在别人面前惩罚或不尊重孩子。

第二，切忌随意惩罚。有的父母看到孩子有了错误，轻则训斥，重则体罚。在家长的武力威慑下，孩子可能俯首帖耳，要他怎样，他就怎样，表面上循规蹈矩，老实听话，实际上只是一种心理压抑的暂时表现，他们的心里肯定不服气。比如，有的孩子做错了事，父母就罚跪罚站，甚至不让吃饭或不让睡觉，结果孩子对父母的仇恨加深，导致孩子一反常态，做出违背父母意愿的事情来。还有的父母看到孩子和一些不三不四的人交往，就大发脾气，破口大骂孩子是"流氓"，甚至把孩子锁在家里，不让出门。结果使孩子的自尊心受到极大伤害，公然与父母对立，甚至离家出走。因此，对待孩子的错误，不能采取武力，应当耐心地提出善意的批评、合理的要求，照顾孩子的自尊心，启发孩子改正错误的信心和自觉性。只有这样，才能有较好的教育效果。

第三，多商谈，少命令。家长要求孩子做事时，会采取命令的语气对孩子说话，如："不能这样"、"不许那样"等。如果孩子长时间处在这种不自由的环境中，就会变得手足无措，无所适从。久而久之，孩子会越发没有主见。长大后，做事情也会优柔寡断，没有进取精神。如果孩子的自尊心长期得不到保护，会磨蚀孩子独立的人格个性，形成怯懦的不良心理习惯。因此，家长无论让孩子做什么事情，都要以商量的口气，对孩子提出的合理建议也要采纳，尊重孩子的意见。这样才能使孩子成长为心理健康、有独立见解的人。

自尊者既不傲慢又不自贱。一个有自尊心的人，常常也是重信义、不为环境所牵制的人，这样的人不傲慢，不轻人，不自轻，不自贱。他们知道：自狂会妨碍自己的进步；自贱会丢掉自己的人格。所以在一帆风顺的时候，能冷静地维护自己的尊严，在身处逆境的时候，也决不失去自尊。

附：爸爸妈妈跟孩子签订的尊重合同

甲方：爸爸妈妈

乙方：_____

有自尊心的人才能得到他人的尊重，乙方愿意做一个有自尊心的孩子，为此甲乙双方达成如下协议：

①乙方在各种场合下都要尊重别人，养成认真听取别人意见的习惯。

②乙方在学校、在客人家里玩耍嬉闹时要有所节制，不要惹人厌烦。

③不能粗口骂人，遭到别人辱骂时不能还骂，但要据理力争以维护自己的尊严。

④犯了错要认真接受老师、家长的批评并诚恳道歉，不能显出一副无所谓的派头。大人批评错了，乙方可以申辩。

⑤甲方在客人和乙方的同学面前不能批评乙方，更不能揭乙方的短，而

是应该维护乙方的尊严。

⑥乙方犯错误时，甲方不能用体罚或伤害性的语言对待乙方。

⑦甲乙双方要互相尊重对方的隐私。

⑧本合同自双方签字之日起生效执行。

甲方（签字）：_____　　　　乙方（签字）：_____

　　年　　月　　日　　　　　　　　年　　月　　日

合同执行要点：

①要做到尊重孩子，家长就要改变同孩子说话的口气，要把教导训斥的口气变为平等交流的口气。只有尊重自己，继而承认自己，喜欢自己，才会对自身的存在产生价值感。要教孩子把自己当成另外一个人来尊重，即尊重自己。自尊是一种做人的观念，每个人都有平等的获得同样尊重的权利。

②帮助孩子一起对失败进行分析，找出原因。一般有三种情况：一是自己本身努力不够；二是自己力所不能及；三是外部客观因素影响。第一种原因有助于激发孩子继续努力，提高信心，后两种则应引导孩子正确对待，不要自暴自弃，怨天尤人，争取机遇，创造条件，今天达不到，以后可能就会实现。

③家长为孩子创造获得成功的机会。根据孩子的个性特点、能力水平，和老师商量，提出适当的要求，让孩子做力所能及的事，并不断自我鼓励，体验成功的喜悦，提高自信心。再根据孩子的实际水平，设置一些经过努力能够完成的任务，使孩子在实践中体会什么叫困难，哪里会有困难，遇到困难怎么办，体验克服困难后获得成功的喜悦，逐渐提高挫折的承受力。

④父母要经常反思自己对孩子的评价。不要因为孩子在竞争中表现一般而在内心深处感到失望。父母要教孩子采取不找自我岔子的方法，经常地非难自我会成为一种自拆台脚的习惯。当孩子泄气时父母应鼓励他们；当孩子遇到威胁时同他们在一起，并给予他们克服障碍的工具。

4. 纠正孩子说谎不讲信用的习惯

诚信是这几年经常被念叨的一个词，原因在于诚信的缺失已成为一种危害极大的社会问题。作为个人，我们无法信任周围那些不讲诚信的人，如果你的亲友当中某个人常常说谎话、欺骗他人，即使你仍会与他保持一定的交往，但在心里会不断告诫自己：这个人不可靠，我不会信任他。一个人一旦被贴上不诚信的标签，就很难在社会上立足、发展了。尽管对于不诚信的人所有人都切齿地痛恨，但如果你是一位孩子的家长，就应反躬自问：对于孩子的诚信教育，我做了几分的努力？

唐飞最近总是要零花钱，有时向爸爸要，有时向妈妈要，说是买书用。爸爸和妈妈都很奇怪，他最近怎么总是买书，却没见到他看什么书。

唐飞的爸爸比以往提前下班了，他想今天是教师节，孩子下午放假，他一定在家里做作业呢。要知道唐飞可是班里成绩最好的学生之一了，他学习很努力。

结果爸爸到家一看，却发现他根本不在。过了很长时间，他还是没回来。于是爸爸往他最要好的同学王明家打了个电话，结果无人接听。

快到吃晚饭的时候，唐飞满头大汗地跑回来了，爸爸问："今天下午你们不是放假吗？怎么才回来？"

唐飞说："嗯，去王明家做作业了。"

爸爸不动声色地说："原来你一直在那儿啊。"

"是的。"

爸爸不高兴地说："可是我打过电话了，他家根本没人在。"

这时，唐飞脸一下子红了起来。

过了一会儿，他说："我和王明去打游戏机了。"

爸爸看着说谎的儿子，觉得很失望。他说："儿子，你虽然学习很好，可是不能说谎啊。这关系到一个人的品格。一个经常说谎的人是不会被人信任的。"

孩子偶尔说谎不会有什么问题，但如果经常说谎而不被指出、校正，谎言就可能成为他生活的一部分而伴他终生了。

英国著名教育理论家洛克曾说："说谎在形形色色的人群里很盛行，要使儿童不看到、不听到别人说谎是很困难的。孩子经常看到、听到别人说谎，又怎么不学呢？"

诚实是做人的首要品质，诚实的基本要求就是不说谎。说谎是一种不良的行为习惯，一旦形成，就相当顽固，不易改正，而且说谎是一种不好的社会风气，矫正孩子说谎至关重要。为此，父母应以身作则，切不可为了达到某种暂时的目的而欺骗孩子，对孩子说谎。遇事应对孩子说真话，耐心地讲清道理。此外，对孩子许下的诺言要兑现，做到言而有信。万一忘记或无法兑现时也应该向孩子道歉并说明原因，这样对改正孩子的说谎也有利。

教育家陶行知说："人的最大美德莫过于诚实。"一个人如果不诚实，将会失去一位好朋友，一位好顾客，或者一桩好生意，甚至会因欺诈而被送入监狱。诚实，就是忠诚正直，言行一致，表里如一。父母应引导孩子"先学会做人，再学会做事。"做人最重要的就是诚实正直。

当发现孩子说谎后，家长要保持冷静的头脑。有的父母发觉自己的孩子小小年龄就会说谎，他们为此十分担忧。将来孩子长大了会什么样？其实对年纪小的孩子的说谎行为要加以区别，有些是某个年龄心理发育的一种反应，而另一些则可能属于说谎。只有根据不同的原因采取教育措施，才有益于纠正孩子说谎的不良倾向。一味地打骂、斥责等简单的教育方法，只能将孩子推向愿望的反面。对孩子的话不能偏听偏信，必要时应作一番调查、核实。有不少孩子是发现自己做了错事，又怕被父母责骂才说谎的；如果家长再一味地打骂，反而适得其反。当怀疑孩子说谎了，就要分析前因后果，做到及时发现，及时纠正，这样就不至于使孩子把谎越说越大。在纠正孩子说谎的时候，家长应循循善诱地向孩子指出说谎的危害性，让孩子在内疚中知错，在鼓励中改错。

父母要着重从正面教育孩子从小做老实人，讲老实话，办老实事，让他们懂得不说谎的人才能心里平静，精神愉快。孩子知识面窄，爱幻想，常将幻想中的事同现实中的事混淆起来，分不清事情的真假，其实这只是一种说谎的假象，对待孩子的这种"吹牛"，家长应该善于利用，首先鼓励、表扬他们创新的想象力，抓住机会，通过一些小故事以及身边的客观事物，如通过书本、电视等一些直观手段，让孩子取得正确的知识，让他们从小能比较正确、公正、客观地看待事物，不能一切想当然。

孩子年龄虽小，但也有虚荣心和自尊心，他们由于不具备道德评价能力和应有的社会价值观，免不了使自尊心转变为虚荣心，从而导致说谎，因此从小要培养孩子正确健康的竞争意识。通过平时的言传身教，讲故事，分析身边小事，说明一些做人的道理，从平时的一些小事严格要求，让孩子了解什么是对的，什么是错的；什么是应该做的，什么是不能做的。做了错事会对自己对别人产生怎样不良影响，不良后果。让孩子明辨是非，不应该做的事不做，不诚实的话不说。当孩子无意中做了错事，要教育他懂得诚实是一种美德，知错就改还是好孩子。

附：爸爸妈妈与孩子签订的诚信合同

甲方：爸爸妈妈

乙方：＿＿＿＿＿＿

好孩子都应该诚实、讲信用，有说谎的毛病并不可怕，可怕的是不能下决心改掉。为了使乙方成长为一个讲诚信的好孩子，甲乙双方签订如下协议：

①不论在什么情况下，乙方都不得对爸爸妈妈说谎。

②乙方如果犯了错误必须自觉向爸爸妈妈坦白，如果刻意隐瞒，被甲方获悉，根据情况作严肃的处理。

③乙方答应甲方的事一定要做到。反之，甲方承诺乙方的事也要办到。

④乙方不能为了贪玩而编出各种理由应付甲方。

⑤乙方不能图省事，不动脑，就去抄袭其他同学的作业，更不能在考试时作弊。

⑥乙方不得以各种理由骗取甲方给零用钱。

⑦当考试成绩不理想时，不应骗甲方说试卷丢掉了。

⑧不能偷拿别人的东西，却欺骗甲方说是自己拣的。

⑨甲方会经常性地与乙方的老师取得联系，以了解他在校的各方面表现，如有违背约定的事发生，乙方必须及时向甲方汇报，否则将从严处罚。

⑩乙方答应别人的事情，一定信守诺言去做到。应视自己的能力去回复他人的请求，不可以胡乱吹嘘。

⑪乙方要保守朋友的秘密，不说别人的闲话，更不应在同学中传闲言碎语。

⑫本合同自甲乙双方签字后生效执行。

甲方（签字）：_____   乙方（签字）：_____

  年   月   日   年   月   日

合同执行要点：

①对于那些惯于说谎和有意说谎的顽固孩子，一定要进行适当的惩罚。有些孩子已经习惯于说谎话，屡教不改，甚至有损人利己的行为，态度还极为恶劣。对于这种孩子，父母除了严厉的批评教育以外，还可以进行适当的惩罚，来戒除孩子的恶习。值得一提的是，当孩子旧错重犯时，如果他能诚实主动地告诉父母自己所犯的错误，那么在父母的批评教育之后，一定要对

孩子的诚实作出肯定，并适当减轻惩罚。

②在孩子的眼中，父母是他们所崇拜的偶像。家长的一切言论、行动无不对孩子起着潜移默化的重要影响。所以，家长要以身作则，要用美好的语言、行为为孩子树立诚实的榜样。只有家长心灵美，才有可能培养一个心灵美的孩子。在平时与孩子相处时，父母要注意自己对待孩子的说话方式，注意不提供有利于说谎的机会，也不叫孩子回答一些带有一定强迫色彩的，而孩子又不得不用谎话去为自己辩护的问题。

③平时鼓励孩子说真心话。有些家长听了漂亮的真心话，就很高兴，而听了令人伤心伤脑的真心话就会生气，特别是当孩子做错了事，做父母的如果不问青红皂白就训斥打骂孩子，恐惧会打击他们承认错误的勇气，使他们不敢说出自己的真心话，因为说真心话要挨骂挨打，所以他们就用说谎来进行自卫。因此，作为家长应在鼓励孩子说真心话的同时，做到：既能听得进令人愉快的真心话，也能听得进令人伤心伤脑的真心话。

④孩子如果一次因为迷恋电子游戏而没有做功课并谎称做完了，父母发现后，不要发怒和指责孩子，当孩子犯了错误以后，心情会非常焦虑和紧张。首先要求孩子补回功课，然后剥夺孩子一周玩游戏的权力，或者规定几天内不许出门玩耍。但是父母惩罚孩子时一定要注意，惩罚既要让孩子感到痛苦和认识到事情的严重性，又不要使孩子的身体受到损害和摧残。

5. 培养孩子是非善恶观念的道德习惯

说起关注孩子的道德品质，个别家长会不屑一顾：孩子将来功成名就最重要，其他都是次要的。持这一观点的家长应该反省：混迹街头甚至违法犯罪的不良少年是怎么产生的？退一步讲，即使功成名就，但缺乏道德约束的人迟早会走入人生的歧途，这样的例子难道还少吗？凡此种种，究其根源就是因为从小缺乏正确的道德引导，没有树立起正确的是非善恶观念。

张先生经常对儿子大海说的一句口头禅是："顾好自个儿，别的啥都别管。"

有一次，大海在学校里跟同学打架，挨了老师的批评，张先生怒不可遏地冲到学校，打了大海的同学不说，还把老师大骂一顿，最后又与被打同学的家长扭打在一起。自此以后，大海在学校里越来越横行霸道、无人敢惹，得了个"小霸王"的称号，而张先生也被冠以"霸王爹"的"美誉"。

还有一次，父子俩在电视里看到一位热心人把一个被车撞倒在路边的老汉送到医院，最后却遭老汉家人诬陷的故事，张先生郑重地教育大海："看到没有，好事不能做。"

可以预见，在张先生的言传身教之下，大海长大后会成为一个什么样的人。张先生这种缺乏正确是非观念的教子方式是错误的，但是，父母自身拥有正确是非观念就能教出好孩子吗？那也未必，还要看家长以什么方式教育孩子。

家庭道德教育没有什么成熟的理论，也没有可依恃的范本，它需要家长在日常生活的一点一滴中向孩子灌输是非善恶的观念，培养他优良的道德品质。把一些便于把握的问题集中起来，以合同的形式让孩子接受并照此去做，无疑是一个简便易行的做法。

河南财经学院朱金瑞教授指出，品德是一个人立足社会的通行证。一个讲道德的人，人们愿意与他交往，这意味着他有更多的资源和机会，更容易成功。品德是一个人素质中的核心部分，一个成功的人，大多是一个具有较高素养、品德高尚的人。一个品德低劣的人，本事越大，对社会的危害就越大，个人吃亏也就越多。一个道德高尚的人，意味着他的人生有了追求和动力，他的生命处于更高的境界，他的人生才会精彩。因此，教育孩子做一个有德性的人，是家长最重要的责任。

孩子道德行为的养成，需要告诉他们哪些是善的，哪些是恶的，哪些是应该做的，哪些是要坚决反对的。需要给孩子们实践的机会，"勿以善小而不为，勿以恶小而为之"，从点滴小事做起，使孩子在生活中磨炼意志，提高自我控制、自我调节、自我转化的能力，从而养成良好的道德习惯，形成稳定的道德品质。

道德既是一种人生境界，也是一种美好的生活方式，是与生活息息相关的。家长如果能躬行实践，道德则是世界上最为可贵的东西。相反，如果把道德仅当成教育、约束孩子的工具，而与自己无关，那也最让人感到痛心，要为孩子创造良好的道德教育气氛。孩子主要的生活环境是家庭，家里的环境和气氛的好坏对孩子道德品质、性格、兴趣爱好的形成，起着潜移默化的作用。为了陶冶孩子的良好情操并逐步形成良好的品德，家庭要形成团结友爱、民主活泼、勤奋好学和勤俭朴素的好风气。

子女可以从父母的模范行为中受到潜移默化的影响，吸取很多有益的营养。爸爸、妈妈毫无疑问地承担着培养孩子道德意识的责任。所有的育儿理论已经说了无数遍：父母实施教育的最有效的做法，就是自己给孩子做个表率。举个例子，如果某家长当着邻居的面大大地夸奖对方的孩子，而回到家关上门就说"这个小孩简直就是傻瓜一个"的时候，你还怎么能够让孩子成为一个品德良好的人呢。

在郑州曾经发生过这样一件事，一个 15 岁的孩子在郑州机场带着两个陪舞小姐，后被警方带走盘问，原来这孩子的父母从事电脑贸易，家境富裕，但很少过问孩子的学习和生活，孩子就带着 15 万元现金，周游各地，并叫上这两个小姐。当孩子的母亲到公安局领人时，对孩子没有任何批评，对警方也没有一句感谢的话。可想而知，这样的家长会养出一个怎样的孩子？

家长还必须重视的一点是，爱国教育是孩子道德培养的重要组成部分。

在美国，几乎是没有在特定的场合进行和接受爱国主义教育的情况发生的。学校更没有专门开设的爱国课，美国对学生进行的爱国教育，是在潜移默化中进行的。每天清晨，第一堂上课铃一响，进行的第一项内容，即是学生们虔诚地把手放在胸前，庄严地大声宣誓："我向美国的国旗和共和国宣誓，在上帝之下，确保领土完整，为万民谋福利的自由正义之国，誓以忠诚……"美国人甚至在最喜爱的各种大大小小的体育运动开赛前，第一件事便是全体起立，高唱国歌。在那隆重热烈的场合，成千上万、各种肤色的美国人注视着冉冉升起的星条旗，高唱国歌。置身于其间不能不被美国人的爱国热情所感动。正是在这种潜移默化之下，实现了对学生的教育。

附：爸爸妈妈跟孩子签订的做"好孩子"合同

甲方：爸爸妈妈

乙方：＿＿＿＿＿＿＿

坏孩子自私自利、惹是生非，弄不好很容易走上违法犯罪的道路；好孩子爸爸妈妈放心，长大后会成为一个对社会、对家庭有贡献的人。乙方愿意做个好孩子，为此，甲乙双方达成如下协议：

①在家里，甲方承诺乙方做作业或者在学校里遇到难以解决的困难时，会无条件地帮助乙方；乙方承诺在甲方做家务时也会帮助甲方。在学校，乙方也会尽力帮助遇到困难的同学。

②乙方承诺决不欺负比自己弱小的同学和小朋友，在遇到别人欺负时也不会害怕，如果对方太过分，乙方要向老师或者甲方报告，甲方会跟老师一起协调解决。

③对老师要尊重，不要在背后议论老师、给老师起外号等，在校内校外

遇到老师都要问好。不光对老师，对于认识的长辈都应如此。

④乙方不再跟同学比吃、比穿、比花钱、比气派，因为那都是爸爸妈妈给的，不是靠自己的努力挣来的，而是要比学习、比遵守纪律。甲方保证乙方穿着干净、得体，并不再强迫乙方穿某件衣服，对于乙方提出的购买零食、玩具方面的合理要求，甲方应尽力满足。

⑤对于别人提供的帮助，乙方要心存感激并衷心致谢。

⑥国旗、国歌、国徽是国家的象征，要尊重而决不能亵渎。

⑦乙方不得有意损坏公共财物和别人的物品，不小心弄坏的要承认错误，甲方会协助乙方予以赔偿。

⑧乙方在学校要遵守纪律，对于调皮捣蛋的同学的不正确做法，如果无法制止，也不能附和参与。

⑨本协议自甲乙双方签字后生效执行。

甲方（签字）：_____　　　　　乙方（签字）：_____

　　年　　月　　日　　　　　　　　年　　月　　日

合同执行要点：

①父母要引导孩子正确地评价自己和别人。孩子对各种道德现象的认识是很浅薄的，对人的道德评价往往以成人的评价为依据，所以家长对周围现象和行为的评价，要分清是非，善恶分明，给孩子留下爱憎分明的烙印。对于自己或他人的行为，先引导孩子去分析和评价，然后再对孩子的评价给以补充和纠正。比如在公园里看到有的孩子摘花，拿零食喂动物，就问："你看，他这样做对吗？"孩子会说："不对。"可以接着问："那为什么他这样做是不对的呢？"以此来引导孩子运用所掌握的道德观念来进行分析。渐渐地，孩子就能独立地进行正确的评价。有了正确的评价就不难做出正确的举动了。

②要丰富孩子的道德情感。可以利用影视作品、书籍中良好的道德形象，引起孩子情感上的共鸣，应该经常运用孩子周围生活中具体的事情来感染

孩子。

　　③父母还要注重训练孩子的道德行为。孩子的情感非常不稳定，容易冲动，自制力和坚持性差，所以孩子的道德认识常常和道德行为脱节。针对这种状况，家长要加强对孩子具体道德行为的指导和督促。家长对孩子作出的正确行为要不断赞美、强化，充分、及时地肯定和鼓励孩子的正确做法。看到孩子主动把玩具让给别人玩，就表示很赞同，并说："你做得很好，真是个好孩子！"看到别人在大街上随地吐痰，可以厌恶地对孩子说："真不讲文明！"父母这种鲜明的是非观，会给孩子留下深刻的印象。孩子以后遇到类似事情也会给出相同的评价，从而产生正确的价值观。

　　④要注意尺度的把握。家长在对是非善恶的把握上不能过分苛刻，要允许孩子犯错误，不能抹杀孩子天性中求知活力的一面，因为好孩子不是呆孩子。

6. 培养孩子关爱他人习惯的合同

　　一位儿童教育家说："只知索取，不知付出；只知爱己，不知爱人，是当前独生子女的通病。""自我中心"是爱心的大敌，为了不让孩子的爱心枯竭、泯灭，为人父母者不仅要爱孩子，更重要的是让孩子学会去爱别人。

　　刘涵玉是四年级的小学生，按照常理来说，她自己应该能做一些力所能及的事情。但是她洗头洗脚、扫地铺床、洗鞋袜、倒垃圾什么都不会做。平时爸爸妈妈都让她以学习为重，不敢让她分心。因此养成了她什么都不会做，什么都懒得做的毛病，更严重的是这让她从来不会主动去关心别人。

有一个星期日，刘涵玉的妈妈头痛发烧，病倒在床上了，没做午饭。刘涵玉从外面玩够了回来，见到妈妈这样，不但不讲一句关心、体贴的话，反而大喊："你为什么不做午饭？就知道躺在床上睡觉，难道你的肚子不饿，就不管我的死活了吗？要睡也要先给我做好饭菜再睡呀；要不，打电话叫爸爸回来给我做！"

妈妈实在病得昏昏沉沉，没力气起来。她只好给刘涵玉的爸爸打电话，刘涵玉加班的爸爸从单位赶回来给她做好了午饭，然后再急匆匆地赶回单位。

晚上，她妈妈和爸爸商量决定开个家庭会议。爸爸妈妈耐心地开导了刘涵玉，她最后认识到，妈妈病了，自己却没有给予一点关心，这样做是不对的。

刘涵玉的父母首先要让孩子自立起来，不能太过溺爱，以至于孩子认为父母做饭是应该的，对妈妈的病情不闻不问。让这样的孩子首先学会去处理自己的事务，不可一味地为其付出爱，要让她感受到并理解这种爱，才能懂得怎样关心别人。

孩子的自私自利根源于父母的私爱和溺爱，这种只管耕耘不问收获的父母之爱，培养出来的孩子很容易变成一个没有爱心、冷漠的人。

父母若不下点功夫培养孩子的爱心，将来孩子就可能使父母寒心，并可能带给父母无穷的哀伤、痛苦，特别是当父母年老时会更加悔恨。必须牢记，为国尽忠、为民立业、孝顺父母、友爱同伴、尊敬长辈和老师、对周围的亲友邻居有礼貌、遇到有困难的人尽力给予帮助，这是中华民族的优秀传统。父母自身的榜样作用是很重要的。如果父母没有理想追求，只知道喝酒、打牌，这样就无法去教育孩子约束自己，专心学习。如果父母在公共场合都表现出缺乏社会公德，就无法要求孩子做得更好。因此，父母要能和学校、社会携起手来，共同把孩子引导好、教育好。

别让孩子伤在坏习惯上

　　培养爱心，首先要落实在平时的点滴行动中，更需要的是情感的熏陶和榜样的示范。读一些报刊上少年儿童为父母分忧、立志再艰苦也要完成学习的真人真事，特别要以父母本人的爱国敬业、关怀长辈和他人的行为去感染子女，让孩子汲取丰富的精神营养。同时，要扩大孩子的视野，让他们敢于面对现实和具体困难，乐于为父母分担责任。从家人的重病、下岗、遇盗、受灾中，进一步理解生活的多面性；从电视报刊上反映儿童少年被拐骗、上当、吸毒、犯罪等的事实中，逐步培养其判断是非、抵抗不良诱惑的能力。做父母的不必为患病、灾祸或下岗造成的经济拮据、生活质量下降等向孩子说谎、隐瞒，应使用孩子能够理解的语言向其说明情况，说明困难，共同分忧解难，使子女领悟人世间每一片面包都是要用汗水换来的道理，认识生活中的挫折，体验父母的爱心和抚养自己的艰难，从小懂得向别人奉献爱心的欢欣和快慰，知道战胜挫折、困难带来的成功感、自豪感。培养爱心，还要学会关心他人的本领。要在日常生活中经常以帮助他人为快乐，以会劳动、能负责为荣耀。例如承担适度的家务，主动帮爷爷浇花、喂鱼；给晾衣服的妈妈递衣架；父母对孩子良好的言行要给予微笑、鼓励，而不是物质允诺。爱心应当是不图回报、不计代价的。有的父母拒绝和不准孩子参加家务或社区劳动，生怕减少了孩子看书、习字的时间，怕分了孩子的心，影响学习成绩，其实，如果安排得当，适量的劳动与专注的学习交叉进行，可以调节大脑不同区域的负荷，更有利于提高学习效率。认真负责的劳动态度、有条理的劳动习惯可以迁移为相同的学习态度和学习习惯，使孩子终身受益。

　　溺爱是父母与孩子关系上最可悲的事，用这种爱培养出来的孩子不会把爱献给别人一点儿。并不是孩子生来就缺少爱心，而是由于父母对孩子的溺爱、不注意教育方式等，把孩子的爱心在不经意间给剥夺了。培养孩子的爱心，要从孩子很小的时候抓起。父母要经常对孩子微笑，让孩子感受到父母对他的爱。父母要把自己看作孩子的伙伴，陪孩子游戏、聊天、学习，让孩子感受到家庭的温暖，感受到被爱的幸福。父母是孩子的镜子，父母要富有爱心。只有富有爱心的父母，才能培养出富有爱心的孩子。孩子时时刻刻把父母作为自己的榜样，父母的一言一行都在潜移默化地影响着孩子。因此，父母平时就要注意自己的言行举止，父母首先要做到孝敬自己的老人、关爱家人、乐于助人。这样孩子就会觉得父母是富有爱心的人，他们自己也会自然而然地乐于做一个富有爱心的人。

附：爸爸妈妈跟孩子签订的爱心合同

甲方：爸爸妈妈

乙方：_____

乙方认识到只关心自己、不关心别人是不对的，只有大家互相关心，都奉献自己的爱心，世界才会更美好。为了进一步培养乙方的爱心，甲乙双方签订如下协议：

①甲方会一如既往地关心、疼爱乙方，乙方保证孝敬爸爸妈妈，感激妈妈每日的操劳。如果爸爸妈妈生病了，乙方会给他们应有的关心。双方要互相体谅。

②乙方保证为爸爸妈妈分担一些家务活，自己的事自己做，不给别人添麻烦。学会自己洗头、洗脚、扫地、铺床、倒垃圾、洗鞋袜等事情。

③乙方要和小伙伴友好相处，遇到同学伙伴有烦恼或者生病时，应积极打电话或前去问候。

④乙方会珍惜妈妈做饭、洗衣等家务劳动，体会其中的艰辛，说些温暖安慰的话语。

⑤当爸爸妈妈外出回家时，乙方要为他们做些拿拖鞋、搬椅子、端茶水、送报纸、递眼镜等小事。

⑥遇到家中长辈生病时，乙方能给他们唱歌、讲故事、捶捶背、揉揉肩

等，并把自己最爱吃的东西给他们吃。

⑦如果看到可口的水果、香气扑鼻的鸡鱼肉蛋时，乙方不会独吃独占，要与爸爸妈妈一起分享饮食。

⑧乙方会常常帮邻居老爷爷拿牛奶、传信件、送书报。

⑨小区里组织的爱心捐献活动，甲方会积极参加，并带乙方一起参加。

⑩家里养的鲜花开放时，乙方会约同学一起来观赏，有可能时带到学校给老师观看。

⑪本合同自双方签字后生效执行。

甲方（签字）：_____　　　乙方（签字）：_____

　　年　月　日　　　　　　　年　月　日

合同执行要点：

①父母培养孩子的爱心，可以采取多做有益游戏，多看益智图书的方法。孩子喜欢做一些趣味游戏，就为他们设计一些表达爱心的游戏来吸引他们，让他们开阔视野，学到更多的知识，懂得真善美。

②让孩子多与人交往，拓展交往空间。爱心，是在交往中建立起来的。孩子就像一张纯洁的白纸，要让他们学会多与人交往，从交往中学到东西，孤独的孩子容易产生心理上的障碍，甚至患上孤独症。父母是孩子的第一监护人，父母要重视多教育，善于引导孩子。

③作为父母，要高度重视自己孩子的日常生活习惯与学习情况，善于发现孩子身上的闪光点，多加表扬，让他们的爱心行动得到鼓舞。

④父母要注重言传身教，大人们就要做出有爱心的行动。大人们的举手投足，都会给孩子留下深刻的印象。培养孩子成为一个有爱心的人，言传身教更有说服力。

7. 培养孩子乐观习惯的快乐合同

乐观的态度在人生中担任着极为重要的责任。人生会有很多坎坷与曲折，保持乐观的情绪将更好地走好人生之路。乐观是一种性格也是一种情绪，同样也会成为一种习惯，开朗乐观的人不仅健康，事业上也易获得成功。

袁洋经常是一副没精打采、郁郁寡欢的样子。学校里有知识竞赛，他根本不去积极参加，有别的同学参加了，他也感觉自己的班级不会赢的，这种悲观的性格让他做什么事都信心不足，遇到一点挫折就打退堂鼓。

一个晴朗的星期天，袁洋的爸爸妈妈带着他去郊区爬香山。爸爸妈妈发现，本来就不喜欢运动的袁洋，进入冬天以后，越来越懒得动了。这样肯定对他的身体不好，所以组织了这次一家三口的登山活动。

坐了一个多小时的公交车到达以后，袁洋就有些疲惫感，表现得很懈怠。爸爸说："打起精神，战斗马上开始了，我们来比赛呀。"到了山脚下，一家三口开始了登山比赛。

刚爬了十多分钟，袁洋就落后了。他抬头看看那数不尽的石阶，没精打采地选了旁边一块大石头，一屁股坐在上面了。

走在前面的妈妈发现他没有跟上来，回头来找。她看到袁洋的样子，问道："儿子，怎么了？战斗才刚刚开始，你就准备缴械投降啦？"

袁洋说："妈妈，这么高的山，看不到顶，登山的石阶也没有尽头，什么时候才能爬上去呀？我可以放弃吗？你们上去吧，我在山脚下等。"

爸爸这时也回头来找他了，听到袁洋的话，不高兴地说："洋洋，香山的主峰才五百多米，你完全有能力轻松地爬上去的，你看，还有很多小朋友都走在了你的前面呢。"

妈妈也说："不要把困难想象得太大，眼是懒蛋，脚是好汉。石阶大概有一千多阶，你把它们分成一个一个的小目标，比如，每登五十个台阶就休息一会儿，然后再继续。说不定，你还能得冠军呢。"

听到这里，袁洋说："那好吧。我试试。"

果然，在爸爸妈妈的提醒和督促之下，袁洋和爸爸同时到达了顶峰，把妈妈甩在了身后。

登上山顶之后，袁洋显得非常兴奋。他说："爸爸，原来事情并不像我想的那么难呀。看，香山已经在我脚下了。我们的城市尽收眼底啊。"

爸爸大笑着抚摸了一下他的头，"儿子，记住，要永远保持乐观的心境，它将助你取得一个又一个的成功。"

快乐是一种动机力量，有利于个人的成长。袁洋正是在乐观情绪的支配下，成功登山的。让孩子学会乐观，他会对世界、对社会和人生有信心，待人也多了宽容和忍耐。孩子的快乐不一定是由物质的东西引发的，需要父母的培养和精神上的支持。

健康的情绪能引导人积极向上，不良的情绪会阻碍人的健康成长。孩子拥有乐观、稳定的情绪是与父母分不开的。积极的心态有助于人们克服困难，使人看到希望，保持进取的旺盛斗志；消极心态使人沮丧、失望，对人生充满了抱怨。情绪有着极强的感染性，父母情绪的好坏会通过言行、举止反映出来，影响到孩子的情绪。父母的乐观情绪能够感染孩子，使孩子胸襟宽广、热爱生活、处世豁达，使孩子怀着积极的心态去想办法解决问题。和谐幸福的家庭气氛，父母乐观自信，幽默豁达，能将自己的乐观精神感染给孩子，孩子就会乐观。即使在他们以后的生活中碰到困难挫折，他也能始终保持健康的心态，具备心理承受力，克服困难实现既定的目标。

乐观的孩子活泼可爱，思维活跃，他们将来可成为事业上的成功者，幸福家庭的组织者。相反，有的孩子怕见生人，怕在大庭广众之下说话，怕做错事，爱哭泣。很少与父母家人说话，喜欢缩在自己的小房间里。在学校热闹的地方找不到他的身影，这类小孩子长大之后极有可能成为悲观主义者。一个心存渴望的人看见的是成功的一面，而悲观失望的人看见的则是失败的一面；积极向上的人觉得生活中总是阳光灿烂，而失望沮丧的人见到的只是阴雨暴风。拥有自信十分重要，一个自卑的孩子往往不可能开朗乐观。可见，拥有自信与乐观性格的形成密切相关，对充满自卑的孩子，父母一定要多发现他的长处，并多加表扬和鼓励，父母的肯定有利于孩子克服自卑、树立自信。

一个充满了敌意甚至暴力的家庭，是绝对不可能培养出快乐的孩子的。父母不要在孩子面前呈现一副唉声叹气、无能为力的样子。即使事情关系到孩子，父母也要给孩子克服困难的信心。父母对小孩的举止、行为不要太过苛刻，应帮助引导孩子摆脱困难的处境，或者使孩子学会忍耐和随遇而安，也可使孩子在困境中寻找到另外的精神寄托。

父母还要鼓励孩子多接触人，多交一些朋友。友谊在人的一生中起着重要作用，对孩子而言，也是一样的。孩子在与同伴相处中享受到友情的温暖，将会使他们更加快乐。努力教会孩子如何与他人融洽相处，与他人的融洽关系有助于培养孩子快乐的性格。培养孩子广泛的兴趣爱好，孩子具备了各种兴趣爱好以后，会在不同的爱好中发现自己的快乐。

父母要时常让孩子自己为自己的事情做主，要设法给孩子提供机会，使孩子从小就懂得自如地使用决策权。还要让孩子能够主宰自己的情绪。在孩子受到挫折时，父母应该为他们指出，前途总是光明的，使他们在恢复快乐心情的环境中寻找到安慰。父母应该使孩子懂得，人生的快乐不是与物质财富的占有画等号的。告诉孩子，不要过分追求物质上的满足，对物质占有适可而止。做父母的都希望孩子一辈子生活优裕，但是如果把所有的东西都给孩子准备好了，这样就在不自觉的过程中娇惯了孩子，给孩子造成一种错觉——"什么都应该给我"，孩子因此容易形成"患得患失"的心态。

附：爸爸妈妈与孩子签订的快乐合同

甲方：爸爸妈妈

乙方：_____

甲方希望乙方成为一个快乐的孩子，一个乐观的人，乙方也愿意在这方面改变自己，为此双方签订协议如下：

①甲方承诺遇到不高兴的事情时，要克制自己，不把消极的情绪带回家。遇到困难可以开诚布公地与乙方探讨，共同找到解决困难的办法，问题解决后与乙方共同庆祝。

②甲乙双方共同选择一些可以一起完成稍有难度的事项，比如登山、家庭小试验等，在完成过程中双方互相鼓励。

③甲方为乙方读一些励志书籍（乙方也可自己挑选阅读），了解、学习那些在逆境中奋斗并取得卓越成就的人。

④乙方承诺以后在遇到问题时，先想一想该怎么办，要主动出击，而不是悲观等待。

⑤在做一件事情时，乙方要不断告诫自己坚持再坚持，取得成功后要与甲方和他人分享内心的喜悦，同时也要分享他人的成功。

⑥乙方感觉不快乐时，闭上眼睛默数到 100，然后把不快乐抛到脑后，强迫自己想想高兴的事或去做一件自己愿意做的事。

⑦乙方要有意识地选择几位性格活泼的同学交朋友，甲方欢迎乙方带同学来家里做客，并保证热情招待。

⑧本合同自双方签字后生效执行。

甲方（签字）：_____　　　　　　乙方（签字）：_____

　　年　　月　　日　　　　　　　　　年　　月　　日

合同执行要点：

①孩子从成人那里得到了快乐，使他相信成人。父母要激励孩子，告诉

孩子："人生不如意事十之八九。"让孩子接触各类事物，接触的事情多了，心胸自然就开阔，悲观思想便不容易产生了。父母不仅要尽量在孩子面前表现出乐观，营造快乐的气氛，更重要的是要真正拥有一颗乐观的心。父母乐观处事的实例是孩子最好的教科书。让孩子学会爱别人，积极去帮助他人，向他人显示自己的信心，并把这种信心传递给别人。

②教孩子做事情不要拖沓。孩子的大多数烦恼都是由于习惯拖延，从而使其产生一系列的担忧。

③快乐随完成某种成就的努力而产生。在成功中，孩子得到快乐的同时，也体验到了力量和信心，有助于自我肯定。让孩子多看一些幽默漫画书，培养幽默感，尽可能地用幽默的态度对待事情。父母要注重孩子的爱好，为孩子培养各种兴趣，并给予必要的引导。

④对于孩子的想法、兴趣爱好，作为父母千万不要过分限制，它将压抑孩子的天性。让孩子多参加有益的文娱活动。比如和伙伴玩游戏，参加学校的体育项目等，开阔视野。父母要设法给孩子提供机会，使孩子从小就知道怎样使用自己的决策权。要尽量给孩子一个自由自在活动的空间。

⑤不论工作有多繁忙，父母都要抽出时间来陪陪孩子，让孩子感受到父母的爱。保持家庭生活的美满与和谐。从小没有得到感情体验，没有感情依恋的孩子，长大后不会对别人报以爱和同情，他们将形成冷漠无情的性格，难以与人相处，很少体验快乐，当然也不会具有乐观精神。

⑥父母要少发些牢骚，多一些宽容心，尽量用平和的心态对待一切。这样孩子就会明白，有些人一生快乐，在于他们有很好的心理状态，这使他们能很快从失望中振作起来。孩子在遇到挫折时，就会调整心理状态，恢复快乐的心情。

第八章

培养孩子学习与思考习惯的合同

作为孩子来讲，学习始终是他生活中的一大主题，那么学习习惯与思考习惯的养成就显得尤为重要。就孩子身上的相关问题，与之签订一些有针对性的合同，会有助于这些好习惯的养成，进而提高他的思维和学习能力。

1. 让孩子喜欢学习的快乐学习合同

学习对于孩子成长的重要性是不言而喻的，但是，当孩子进入学习年龄段，家长开始重视孩子的学习时，大多数家长发现，让孩子喜欢学习并不是件容易的事。其实这也很自然，玩是孩子的天性，而学习总要面对新知识、新困难，孩子选择的砝码也就加重在玩乐上了。

李先生平常工作很忙，经常加班、应酬，回到家里感觉很疲惫，往往看一会儿电视便倒头就睡。因为觉得孩子还小，对他的教育问题没有给予过多的关注。自打儿子上了幼儿园的大班以后，李先生意识到孩子的学习问题该抓一抓了。

他决定自己每天晚上抽出一个小时的时间辅导儿子识字和算术。但问题马上就来了，儿子乐乐从小特别喜欢看动画片，贪玩好动的他只要坐到电视机前看起动画片来，就能动也不动地坐上一两个小时。头两次辅导，乐乐觉得新鲜，学得还挺带劲，以后就心不在焉起来，要么开始学习时从电视机前拉不走，要么没学一会儿就往电视前跑。

这天在单位听到同事说起自己的孩子识得多少字、学习多么棒，李先生心里更是暗暗着急起来，下决心好好管一管乐乐的学习。

回到家，一眼看到端坐在电视机前的乐乐，李先生的气就不打一处来。他走过去把电视关掉，一把拉起儿子走到书房里，大声训斥道："天天就知道玩、看动画片，像你这么大的小朋友都认识多少字了你知道吗？现在不知道好好学习，长大了喝西北风不成？"

训完后开始教乐乐背古诗，但是教了足足十几遍，乐乐还是结结巴巴背不下来。李先生又忍不住发作起来："真是笨死了，连一首最简单的诗都背不下来，将来学习还能好得了？又怎么能考得上大学？从今天开始，以后不准再看动画片！"

乐乐眼泪汪汪地看着爸爸，吓得不敢吱一声。

李先生的做法显然是不可取的，作为家长必须明白一点：并不仅仅是你的孩子爱玩，天下所有的孩子都爱玩，从爱玩到爱学习的过渡需要有一个过程，这个过程并不是孩子可以自主地完成的，而需要家长以正确的教育理念和恰当的方式方法去引导，这中间既需要家长适当的约束、管教，更需要家长以平等的态度让孩子自愿参与到对自己学习的"管理"中来。

国内一家心理咨询机构对近万名小学生进行了一次心理测试，结果发现，有接近70%的小学生对学习没有兴趣，甚至"厌恶学习"。有些不喜欢读书的孩子，宁愿把自己关在家里，他们到了课堂上总是打瞌睡，想睡觉。甚至有的医生还将不喜欢学习的学生出现的这种症状称为"厌学综合征"。要想有效解决孩子的厌学情绪，首先，父母要为孩子创造一个愉悦的学习环境。人在心不在焉时，是无法牢记任何东西的，困倦的时候也是如此。有些孩子注意力不集中，手捧书本，心却飞到运动场；一边看书，一边打盹儿等。一旦发生这种情况，父母一定要让孩子停下手上的功课，出去玩个痛快或者尽情地大睡一觉。让孩子逐渐养成定时、量力而行、扎实、有效的学习习惯。比如每天按制定的时间表学习；再制定一份学习计划和学期奋斗目标等，也可以借鉴别人的学习经验，形成自己的学习习惯。

父母应让孩子记住学习是艰苦的，却有方法可循。"考试像平时，平时像考试。"这句话是有道理的，只要孩子平时能像对待考试一样认真学习，不放过任何一个问题，那么面对考试时，孩子必会胸有成竹，感觉到考试像平时一样轻松，不会有压力。家长要检查作业及学习成果，帮助孩子找出错误的原因，不要被同一问题难倒两次。不断检查自己所制定的学习措施的有效性，及时地对无效措施进行改正。

培养孩子在学习中寻找乐趣十分重要。学习并不是死记硬背，游戏和娱乐中往往有很多知识，只要留心，处处都是课堂，时时都是学习。在游戏中学习不仅可以使孩子产生浓厚的兴趣，而且有助于培养孩子的观察能力和分析能力，使孩子的潜能得到开发。当孩子不喜欢学习的时候，通过游戏也同样可以使孩子对学习产生兴趣。孩子的兴趣有一个逐步发展的过程。父母要鼓励孩子多接触社会，亲近大自然，丰富多彩的社会生活和大自然是孩子们最好的课堂。陪孩子去开开眼界，丰富了感性认识，激励他的斗志，强化他的信心，提高他的学习兴趣。父母要鼓励孩子多看书、看电视、看报、听音乐，适当地进行有氧运动。

父母多与孩子一起玩，培养他们多方面的兴趣，并从单一的兴趣转移到学习方面的兴趣上来。游戏不仅不会浪费孩子的宝贵时间，而且是孩子的一种十分有效的学习方式。游戏在孩子的身心发展中具有非常重要的作用，孩子的学习大部分是从游戏中产生的。应该鼓励孩子玩耍，鼓励他们和伙伴们一起玩耍。对孩子来说，玩就是学习，不会玩耍的孩子也就不会学习。家长不要让孩子在枯燥无趣的状态下学习，不要认为游戏只是孩子的一种娱乐方式，如果认真地指导孩子，他一定会在游戏中学到很多知识。

在孩子的成长中，高分数、好成绩并不代表一切。父母要降低过高的期望值。每一个孩子的先天条件不同，接受知识的能力和效果就会有区别，考试的分数就会出现高低之分，不可能每个孩子都出类拔萃。只有家长摆正心态，才能正确对待孩子的考试分数。一些决定孩子命运的关键因素不应被忽略，它们才是孩子未来的保障。父母的目光不能只盯在暂时的成绩上，孩子要进行的是一场人生的、持久的接力赛，只有解决了教育中遇到的关键问题，才能找到正确的发展方向，才能积蓄竞争力，打好持久战。

父母要避免只看成绩单不看孩子努力程度的错误做法，当孩子用心学习时，即使成绩不是很理想也要对孩子进行鼓励和表扬。如果孩子成绩不好，父母应该主动帮助孩子寻找原因，这样才有助于孩子学习成绩的提高。此外，家长在帮助孩子提高学习成绩的同时，更要培养孩子健康的心理和良好的素质。这对于孩子的健康成长更为重要。在家庭教育中，打骂和讽刺并不能改变孩子不理想的学习成绩，相反只会使孩子变得更没有信心将学习成绩提高。当孩子拿着分数很低的试卷回家，父母恰当的教育方法是，首先应该表示对孩子的理解，要告诉孩子："分数并不是最重要的，重要的是你真正努力了。"父母应该对孩子的努力进行表扬，并帮助孩子找到成绩差的真正原因，这样才有助于孩子学习信心的建立，进而有助于孩子成绩的提高。

家长也要通过自身的学习，努力掌握寓教于乐的教育孩子的方式。寓教于乐，从根本意义上讲，是将教育过程贯穿于日常生活，将灌输式教育转变为轻松快乐的主动学习。从形式上可以在轻松的谈话中、散步中灵活开展。寓教于乐的观察力的培养最能于细微中见功夫，在轻松自觉中见成效。

附：爸爸妈妈跟孩子签订的学习合同

甲方：爸爸妈妈

乙方：＿＿＿＿＿＿

学习对于乙方来说是最最重要的事情，为了帮助乙方从现在开始树立学习第一的观念，同时也为了给乙方营造一个轻松、自由的学习环境，甲乙双方经过协商，达成如下协议：

①乙方承诺在老师讲课的时候认真听讲，努力把老师讲解的知识记住、学会。

②乙方回到家后要向甲方复述当天一天所学的内容，该记没记住的知识在甲方的帮助下重点记忆，仍不明白的内容向甲方请教，直到明白为止。

③＿＿＿＿＿＿点至＿＿＿＿＿＿点为乙方做作业时间，＿＿＿＿＿＿点到＿＿＿＿＿＿点为甲方对乙方重点辅导时间。

④乙方保证规定时间内的学习效率，不贪玩、不东张西望，不做各种小动作，一口气完成老师和爸爸妈妈规定的学习任务；甲方不得延长乙方的学习时间，不得随意增加额外的学习任务。

⑤＿＿＿＿＿＿点至＿＿＿＿＿＿点为乙方自主支配时间，可以看动画片等，甲方不得干涉。

⑥甲方在辅导乙方学习的过程中，要态度温和，不能大声呵斥、打骂，因为有时候乙方记不住或听不懂是正常的，甲方必须保持足够的耐心。

⑦为了让乙方感觉到通过学习增长了知识是一种快乐的事情，甲方对乙方在学习上的每一点进步要给予随时随地的表扬和奖励；对于乙方在某一方面优秀的表现或比较大的进步，甲方要给予重奖。

⑧对于老师反映的乙方在学习方面的不足、毛病以及乙方考试成绩不理想的情况，甲方不能不问青红皂白地批评乙方，而是应该了解清楚情况，帮助乙方解决问题。

⑨甲方不能总把乙方与其他的孩子对比，并借此贬低乙方，只要乙方在学习上尽了力，甲方就应该把乙方看作最棒的孩子。

⑩对于乙方在学习当中遇到的各种问题，甲乙双方应共同协商解决。

⑪甲乙双方在平常要互相提醒，互相监督，坚决按本合同的约定执行，如有违反，自愿接受对方的惩罚（惩罚方式另行协商）。

⑫本合同自甲乙双方签字后生效执行。

甲方（签字）：_____　　　　　　乙方（签字）：_____

　　年　　月　　日　　　　　　　　　年　　月　　日

合同执行要点：

①许多家长在对待孩子的学习问题上常犯急功近利的毛病，总希望自己的孩子教什么会什么，见孩子遇到点障碍就着急，失去耐心，态度粗暴，使孩子对学习产生抵触心理。所以，这个合同首先约束的是家长自身，家长必须转变态度、放下架子，站在孩子的角度去与孩子沟通，才能为孩子营造一个"快乐学习"的家庭气氛。

②俗话说"习惯成自然"，学习一旦成为习惯也就不再成为一件困难的事。这个合同的目的之一就是使孩子养成"按时学习、自觉学习"的习惯，因此，在合同执行之初，家长一定要严把时间关，双方确定好的学习时间就坚决执行，久而久之，他也就"习惯"了。

③家长可以根据孩子的自身特点和学习状况，加进一些学习细节的要求，比如对于学习不主动的孩子，可以规定每天向老师或家长问几个问题，做到了就给予奖励。

2. 让孩子按规律作息的时间合同

小孩子的时间观念一般都不强，做起事来常常边玩边做，对于约定好的作息时间有时会耍赖、不遵守。应该说对于孩子这都是正常的表现，但是作为家长不能任其发展下去，需要花大力气来纠正。

孙建亮读小学了，做任何事都特别慢，爱磨蹭。早上起床起半天，有时穿一件衣服要磨蹭五六分钟的样子。刷牙挤个牙膏也用上半天，好像在玩牙膏。然后吃早饭，基本上每顿要1小时，张张望望，吃吃停停。晚上看电视，看起来就没个完，妈妈三番两次地催促他，他也不上床睡觉。更要紧的是，这两天学校考试，他的试卷有好几道题都来不及做，考试结果一塌糊涂。见到这种情况，他的妈妈后来想了个办法。

这一天，当他还有十分钟就要上学的时候，妈妈才喊他该吃早饭了，妈妈就站在一边时刻地提醒他还有几分钟，过了一会儿，又提醒他还有几分钟。这样一来孙建亮有了紧张感，但还是迟到了。

妈妈于是给班主任打了个电话，说明了具体情况，请老师协助她一下。

孙建亮到了学校以后被老师批评了。从那以后，他每次吃早饭都很着急。因为他担心如果真的晚了，到学校以后班主任老师又会批评他的。

妈妈想，吃饭慢的问题是解决了，其他的问题仍然存在，该怎么办呢？

孩子时间观念的培养应该从小做起，开始上幼儿园的时候就应灌输和强化这一观念，因为这对每个人一生的成长都是十分重要的。当然如果像孙建亮妈妈一样到了小学才开始关注这个问题也不必太着急，只要想办法，循序渐进，问题总会解决的。

有的孩子平时做作业磨蹭，一小时能做完的作业，边玩边做了三个小时也没有做完，不但会形成动作慢的坏习惯，而且还会养成注意力不集中的不良品质,浪费了求学的黄金时间。对此,家长应与孩子一起讨论,以确立日常生活中的常规事务(如起床、吃早饭、上学、放学回家、午睡、下午上学、放学回家、做家庭作业、上床睡觉等),该从什么时间开始干,最多花多少时间干完等。重要的是要指导孩子有效地安排学习时间,即制订好学习计划,按计划学习,要让孩子拥有一份切实可行的周安排表,力求做到每日有固定的学习时间。完成作业后,才去参加适当的文娱、体育活动,要求孩子"今日事,今日毕",当天的作业不要拖到第二天完成。惜时是成功的秘诀,父母要从小培养孩子良好的时间观念,养成良好的时间观念是一个人做事成功的基本前提。孩子的拖沓久而久之会形成习惯,最终使他们变得懒惰,而懒惰的人终将一事无事。

要培养孩子有计划地做事情,分配时间,节省时间。这是培养时间感中最重要的部分,是训练孩子时间感的目的所在。时间感的培养包含了对时间的把握和感知,对时间的合理的分配。一个有时间感的孩子,通常做事情会比较有条理性,主次分明,效率很高,而没有时间感的孩子,即使他自己知道是几点,几号,星期几,却不一定懂得合理地使用和分配时间,做事情作风拖拉,没有秩序感。所以,如果可以让孩子从小就对时间有着很强的感觉和概念,能够从小训练他合理地分配时间,将对孩子今后的生活学习非常有帮助。

法国作家罗曼·罗兰说:"人生不出售来回票。一旦动身,绝不能复返。"要让孩子懂得珍惜时间就是珍惜自己的生命,从而树立高度的时间观念,充分利用时间,发挥自己生命的最大潜力,有效率地去学习和工作。

附:爸爸妈妈跟孩子签订的遵守时间合同

甲方:爸爸妈妈

乙方:＿＿＿＿＿＿

为了让乙方成为一个遵守时间、按时间上学、作息的好孩子,甲乙双方达成如下协议：

①为了确保乙方早上 7:30 之前按时到校，甲方为乙方"请"来一位好朋友——闹表。每天早上 6:30 听到好朋友的叫声，乙方要马上起床。

②乙方起床后要在 7:00 之前洗漱、上厕所完毕。

③乙方保证 7:15 之前吃完饭走出家门。

④下午 4:00 放学后，必须于 4:30 分前回到家里，特殊情况不能按时回家要打电话向妈妈请假。

⑤放学回家后应该在 40 分钟内完成作业，作业完成后可以做一些自己喜欢的事情。

⑥晚上 9:00 前上床睡觉。

⑦周末时，晚上 10:00 前睡觉，早上 7:30 起床。

⑧本学期结束时，如果乙方能够按照本合同的约定一直遵守时间，甲方承诺帮助乙方实现他最大的一个愿望。

⑨本合同自双方签字后生效执行。

甲方（签字）：＿＿＿＿＿＿＿ 乙方（签字）：＿＿＿＿＿＿＿

年　月　日　　　　　　　年　月　日

合同执行要点：

①在与其签订合同前，要和孩子进行充分的沟通，让孩子意识到这是一件很严肃的事情，需要认真对待。合同条款可根据各家的具体情况而定，但一定要目标小、可操作性强，千万别提过高的要求，否则在检查兑现与否时双方很可能产生分歧与争执。

②家长帮助孩子制定了作息时间，生活气氛就会紧张。渐渐地，孩子的闲散行为就可以克服了。平时，要让孩子自己的事情自己做，使他们的动手能力获得提高。刚开始时，孩子的进步会很慢，父母必须要有耐心。父母不要每天跟孩子唠唠叨叨，这种说教是毫无益处的。当孩子浪费时间时尝到了

一些苦头，这样，他才会在其中接受教训，认识到不抓紧时间就要受到损失。

③无论学习还是生活都可以分为两大类：一类是必须在规定时间内办理的，例如上课、做作业、打扫卫生等；另一类是较为自由的，在一段时间内，什么时候办都可以，例如理发、买衣服等。对于第一类，要求孩子形成定时、及时完成的好习惯，比如孩子放学回家要先做完作业后玩；对于第二类，则要求孩子学会随机办理的好习惯，完全可以在紧张的学习之余，出去散心的时候办理。

④在如何利用时间问题上，家长一定要树立一个好榜样。"当日的事当日完成"。父母对这样的格言，既要传授给孩子，更要身体力行，绝不能"我现在没时间，明天再说"。父母也应遵守时间表，干任何事都要准时。

3. 培养孩子阅读习惯的读书合同

有的家长认为，读课外书、涉猎考试内容之外的知识，会分散孩子的学习精力，不利于孩子学习成绩的提高。有的家长甚至为此严禁孩子看课外书，查到后就予以没收。其实，一般孩子阅读健康的课外书不是太多，而是太少了。家长应该做的是鼓励、引导孩子多读书、读好书。

于波平时很喜欢户外运动，只要有时间，他便去外边打拳踢腿玩球，家里的书他根本没时间理它们。因此，他的知识面很有限，每次写作文简直是他最头疼的事。

有一次，于波草草地做完了家庭作业，就迫不及待地想去健身器材那里疯一会儿。这时，爸爸走了过来，温和地问于波，这次作文怎么拿那么低的分数，于波说实在是没什么好写的内容。爸爸指着他的书柜说："妈妈爸爸无论是出差还是逛街都会想到给你带本书回来，不是来给你做摆设的，你要用心去读一读才行。课外书中有很多你的课本里没有的内容，可以扩展你的知识面，对你以后步入社会也极有帮助。"于波不高兴地说："书是有不少，可我不是看不懂，就是不喜欢看。"爸爸听了意识到，要想让孩子喜欢读书，光知道买书还不行。这以后，他根据儿子的喜好选出他能读懂的书，然后给予波声情并茂地讲故事大概，然后留下尾巴卖个关子，再把书交给于波让他自己读。慢慢地，于波能够把一本书认真地读下去，并最终被这本书深深吸引住了，他发现书里面果然有很多有意义的东西。开了个好头以后，为了巩固成果，爸爸拟定了一个促进于波多读书的合同，施行了一段时间后效果还真不错。

莎士比亚曾经说过："书籍是全世界的营养品。生活里没有书籍，就好像没有阳光；智慧中没有书籍，就好像鸟儿没有翅膀。"可见让孩子从小养成阅读的好习惯的重要性。孩子有了良好的阅读习惯，一方面可以汲取更多的精神营养，培养孩子良好的道德品质；另一方面能使孩子储备丰富的知识，发展智力。养成良好的阅读习惯，不仅有利于孩子各学科基础知识的学习，还有利于培养孩子对问题的理解能力，有利于孩子素质的全面发展，更有利于孩子的成长、成才。

许多教育专家呼吁："孩子对文字的冷漠态度就像一种隐形液体，正慢慢渗透到社会文化中。当逃避阅读成为习惯，孩子的阅读能力便会退化，从而直接影响他们的成长。"

研究表明，家长的语言表达能力和方式是影响孩子阅读能力的一个重要因素。大体上可以把家庭环境分为两种类型：一种是缺少语言刺激的家庭。家长或是沉默寡言，或是讲话简单，不讲究用词的丰富与规范性，孩子生活在一个缺少语言刺激的家庭中，没有意识到语言的重要性，所以从小就缺乏语言经验。这种孩子很可能重视操作与活动，动手能力较强，而语言能力很差。长此以往，养成了孩子不爱阅读的习惯。另一种是重视语言的家庭。在这种家庭中，家长经常与孩子交谈，用词准确而规范，有较高的文化素养。在这种家庭中长大的孩子，从小就受到良好的语言刺激，知道语言的重要性，所以养成了重视阅读的行为习惯。两种不同的家庭环境，造就了孩子两种截然不同的阅读习惯。前者将直接影响孩子的学习成绩和智力发展，而后者将有助于孩子学习成绩等诸方面的提高。

激发孩子的阅读兴趣。在家中摆满各种有趣的书籍，让孩子可以顺手拿来翻看与欣赏，并随时给予鼓励。要使阅读成为孩子生活中不可缺少的内容，使阅读成为一种享受而不是负担，这需要身教。如若父母视阅读为生活乐趣的一部分，孩子自然会乐于读书。父母对待书报总是兴趣盎然，经常津津有味地读书看报，孩子便会觉得读书一定很有趣，对书籍就会充满好奇。

帮助孩子选择好书。教育学家认为，孩子需要那些与他们的年龄、兴趣及能力相宜的图书，他们也喜欢图书题材的丰富色彩。所以父母可以让孩子多接触不同方面的读物，如报纸、杂志乃至街头标语广告、商品包装等等。通过这些文字读物会让孩子懂得：语言文字在生活中的各个方面都是非常重要的。

要把读书作为一项消遣活动。在轻松的气氛下，安排一小段时间，与孩子一起读几分钟书。可在外出时，带上一两本书，在公园里，在河边，在鸟语花香的环境里，在清新的空气下，与孩子一起读上几段书。这样，自然而然地把孩子引入图书世界，使读书成为孩子的消遣活动。

与孩子一起读书。在孩子能独立阅读以后，仍坚持同他们一起读书。大部分孩子在 12 岁以前，其倾听理解能力要比阅读理解能力强，所以，父母为他们念书比他们独立阅读收益会更大。在孩子读书过程中，父母应先抽出时间，看看孩子要看的书，提一些问题写在纸上，让孩子仔细阅读，然后回答问题，这样可以避免囫囵吞枣。同时，帮助孩子纠正错误，这样，即使父母内向，孩子也照样能培养起良好的阅读习惯。

附：爸爸妈妈跟孩子签订的读书合同

甲方：爸爸妈妈

乙方：＿＿＿＿＿＿＿

爱读书的人有知识，有知识的人更有力量。为了让乙方成为一个有知识、有力量的孩子，甲乙双方达成如下协议：

①乙方对学过的课文都要读熟，要求背诵的要熟练背诵，甲方会经常检查，读熟背熟给予奖励，否则给予惩罚。

②甲乙双方共同挑选3～5本一个学期内乙方应认真读的书，作为乙方提高阅读能力的基本用书，双方对所选的书都有一票否决权。

③选一本故事性强的书，每天晚饭后一家人共同声情并茂地朗读一个故事，爸爸、妈妈、乙方分别担当故事中的某个角色。

④甲方每月一次带乙方逛书店，乙方可以翻阅、选择、购买自己喜欢的书。甲方每月至少1～2次带乙方去图书馆。

⑤甲方选择一些经典的文章（或段落）、诗词要求乙方背诵，乙方应努力完成。如果乙方按要求完成背诵任务，甲方给予奖励。

⑥甲乙双方都应把自己所读到的精彩文章推荐给对方，或者向对方详细讲述文章内容，双方共同探讨对文章中某些问题的认识。

⑦甲方为乙方订阅乙方喜欢的报纸杂志。

⑧在乙方的阅读、写作能力有了一定提高以后，甲方支持乙方向少儿类报纸杂志投稿。

⑨甲方鼓励乙方剪辑、抄写从报刊和书中读到的精彩文章，自己也可以写文章，编成小报，定时分发给亲戚、邻居、同学。

⑩本合同自双方签字后生效执行。

甲方（签字）：_____ 乙方（签字）：_____

    年   月   日   年   月   日

合同执行要点：

①要培养孩子的阅读能力应首先培养孩子的阅读兴趣。激发孩子对文字的好奇心和兴趣，把文字引入到孩子的日常生活中，使他体验到文字能给他增加生活的乐趣和带来方便，那么他就产生了阅读的强烈愿望和动机。

②要舍得花钱为孩子买一些儿童读物和报纸杂志。教育心理学家凯洛博士发现，家中有百科全书、杂志等课外读物，能促使孩子学业进步、热爱知识。让孩子投入一定的精力去进行阅读，不仅要让孩子精读名篇名著，还要泛读杂书、博览群书。父母应把更多的时间交给孩子，让他（她）自由自主地阅读，在阅读中汲取知识营养。

③作为家长，在指导孩子阅读上，千万不要急功近利，千万不要从提高学习成绩上要求孩子阅读，更不要限制孩子的阅读面。对孩子来说，读书首先具有娱乐功能。使孩子养成不动笔墨不看书的阅读习惯，鼓励孩子写点读书笔记，留下读书的心得，哪怕是片言只语也是好的，精彩章节和佳句要能熟记。培养孩子吸收和运用知识的能力，孩子读了书，要鼓励孩子讲给别人听，或把精彩句子用到作文、书信、日记中去。

④帮孩子选适合他阅读的书。首先要为孩子选择那些观点正确、内容健康向上、适合孩子年龄特征和知识水平的书。要鼓励孩子保存看过的图书，爱惜图书，保持图书整洁，不撕书，不折页。鼓励孩子自己选择读物，和孩子讨论哪些是适合他们看的读物，哪些是他们自己特别感兴趣的读物。

4. 提高孩子成绩的进步合同

不少家长总为孩子学习成绩的不理想而着急，是啊，孩子将来的竞争环境会越来越残酷，而较好的学业可以使孩子在这种人生的竞争中处于比较有利的位置，孩子成绩不好家长怎么能不着急呢？但是，除了个别天资特别优异的孩子，大多数孩子学习成绩的提高都要靠自己的努力，靠正确的学习方法的运用，靠老师、家长的正确指导。反过来讲，只要家长对待孩子学习成绩的态度和指导孩子学习的方法正确，多数孩子都能成为学习优秀的孩子，而孩子的年龄越小，家长的这种指导就越重要。

赵女士拿到儿子亮亮的期末考试成绩单，禁不住又唠叨起来："数学89分，语文才82分，你是怎么搞的，成绩老是在80多分里打转转，我估计你这个成绩在班里连前20名都进不了。你看姑姑家的胡鸣，次次考双百，你也给妈妈争口气好不好？"

亮亮低着头，一言不发。

赵女士平常很要强，自然也希望儿子亮亮学习成绩高人一筹，为此她在亮亮的学习上花了很多心思：放学后让孩子不停地做作业、听英语磁带、背古诗，做作业时坐在旁边督促和指导，周末请家教等，但亮亮几次考试的成绩仍不理想，甚至有时不升反降。时间一长，弄得亮亮每次考试之前都异常紧张，生怕考不好惹妈妈不高兴。

其实亮亮是个比较听话的孩子，很想考个好成绩让妈妈高兴，每次作业也都按时完成，问题到底出在哪儿呢？赵女士有时不免心里犯嘀咕，难道自己的孩子真的比别人笨？

后来通过与老师交谈赵女士发现，亮亮虽然在家里看起来很"用功"，但在课堂上要么睡觉、要么自己在玩，虽然作业每次在家长的指导下完了，但知识掌握得不扎实。赵女士这才醒悟到，也许孩子成绩的不理想恰恰是自己这一环出了问题。

这里关键问题是，家长要找准孩子成绩不理想的症结，不要一味地看孩子考试的成绩，而应注重孩子对知识的掌握。了解孩子对于学校里学到的课本知识，该理解地理解了没有？该记住的记牢了没有？及时地与老师沟通，发现孩子的薄弱环节并重点强化，孩子的成绩就会稳步提高。

有专家做过这样的实验：让两个小学生阅读同一篇文章，收看同样的电视节目，但安排方式不同：让一个孩子先用心读文章，然后再专心看电视节目；另外一个孩子一边读文章一边看电视节目。结果发现前者能够完整复述出所读的文章内容和所看的电视节目；后者却不能复述文章内容，对电视节目内容也不十分清楚。由此可见，在学习记忆的时候，应尽力排除有干扰的事情。作为父母都希望自己的孩子能得到高分数，那么，就要为孩子的学习创造一个良好的内部和外部环境，不论是外界的干扰还是来自心理的干扰都将妨碍孩子的成绩。如果父母能够了解影响孩子成绩的因素，了解孩子成绩不理想的原因，就可以采用一些恰当的、有针对性的方法，帮助孩子提高成绩。那么，影响孩子学习成绩的因素主要有哪些呢？

第一个因素是来自孩子的心理压力。有的孩子成绩不好，不是因为头脑笨，而是因为父母给了他太大的压力。现实生活中，成年人和孩子都承受着不同的压力。成年人的压力多数来自自己的要求，孩子的压力大多是来自父母。当孩子面临考试时，更会感觉到压力重重，他们担心如果考不出好成绩的话，会让父母很失望。有些父母平时对孩子的学习表现得过分紧张，这种紧张的情绪会在无形中传染给孩子。孩子担心考不好，将会被父母责骂，所以，自身的压力也就越大，甚至有时还超出了自己的承受范围，有些不知所措了。有许多的家长当孩子的成绩达不到他们的要求以后，就在孩子的面前表现出生气、失望的情绪，这样就给孩子带来了很大的心理压力。孩子的学习成绩不好，自己会伤心，甚至灰心，会怀疑自己的能力，认为"我不行"。这种自卑心理越强，学习成绩就越难提高上去。因此，父母应多给孩子鼓励，让孩子相信自己的能力，以减轻孩子的心理压力，增强他们的自信心，使孩子能够更好地学习。

第二点因素是要有正确的学习方法。好多孩子学习起来特别认真，学习成绩却不好，这种情况，很多时候是因为孩子没有掌握较好的学习方法。父母应多与老师沟通，了解孩子在校的学习情况，并且请老师给出针对学习方面的建议，与孩子一起总结最适合的学习方法。同时，要了解孩子的基本学习情况。如果孩子是因为害怕考试而无法在考场上正常发挥自己的水平，就要多鼓励孩子相信自己，帮助孩子以一种轻松的心态去面对考试。要让孩子制定适合自己的学习计划。学习计划可以帮助孩子克服惰性和倦怠。学习计划表可以确保孩子不会浪费时间，做其他该做的事。如果孩子能按部就班地按照学习计划去进行学习，那么学习便不会成为一种很大的压力。学习计划表可以使孩子了解自己的学习进度，让孩子清楚地知道哪些事等着做，还可以帮助孩子对自己以前的学习情况做出评价。

养成良好的记忆习惯也很重要。记忆力提高了，分析能力上去了，成绩自然会好。科学研究表明，人的大脑有 4 个最佳时段，第一阶段是早上起床以后；第二阶段是上午 8 点～10 点；第三个时段是下午 6 点～8 点；第四个时段是晚上入睡前的 1 个小时。父母可以掌握这些记忆上的特点和规律，教孩子运用恰当的方法，有效地提高其记忆力。每次复习时，在达到能完全记清楚内容时，可以再投入 50% 的时间去巩固它。经过这样几次复习以后，对它的记忆就会牢固了。单调的记忆方式使学习效率低，易使孩子产生消极的情绪，导致心理上的疲劳。运用多样化的记忆方法，如朗读、动笔摘抄、默写、听录音、向孩子提问题、跟同学讨论等，效果将会很好。使孩子养成良好的记忆习惯，调整良好的心理状态，不要一边学习一边看电视，一心二用效果总是很差的，要一心一意做事情。大脑也有疲倦的时候，该休息的时候，就要让大脑得到好好的休息，要有良好的作息习惯，并且补充足够的营养。

第三点是孩子的兴趣与爱好。有关专家经过研究发现，一个人记忆效果的好坏，与其当时的心理状态有很大的关系。兴趣是最好的老师，只要能激发孩子的兴趣，记忆效果就会更好。厌学不如乐学，如果孩子对学习不感兴趣，成绩当然不会理想。因此，父母要培养孩子对学习的兴趣，让孩子在学习中发现乐趣，树立自信心。

家长重视孩子的考试分数是可以理解的，因为分数毕竟是学习状况的一种重要反映。但在孩子的成长中，高分数、好成绩并不代表一切。学习，要靠自觉，家长不能一味地把自己的爱好和理想强加到孩子的身上，孩子有自己的优势，有自己擅长的学科，要注意发展其特长。

附：爸爸妈妈跟孩子签订的成绩提高合同

甲方：爸爸妈妈

乙方：_____

甲乙双方都认识到，乙方的学习问题不仅仅是乙方一个人的事，而是甲乙双方的事情，乙方成绩不理想，甲方也有责任，因此，甲乙双方决心一起努力改变自己，并签订协议如下：

①甲方向乙方确认，不管乙方的学习成绩好与坏，乙方都是爸爸妈妈喜欢的好孩子。但如果乙方的成绩能够提高一点点，爸爸妈妈会为他感到自豪的。

②乙方保证在课堂上不再睡觉、做小动作，而是认真听老师讲课。甲方确认，如果老师反映乙方课堂上的表现有了改进，甲方会给乙方买一个他喜欢的玩具，如能坚持下去，甲方还会给予另外的奖励。

③乙方做作业时，甲方不再坐在身边不停地询问，而是乙方遇到不明白的问题时，主动向甲方请教，甲方应耐心地讲解。

④甲方每天用半小时的时间检查乙方对当天老师所讲内容的掌握情况，对掌握不太理想的地方指导乙方重点加强一下。除此之外甲方不再强迫乙方增加额外的学习时间。

⑤甲方承诺不再过分看重分数，从而给乙方施加过大的压力，尤其在考试前和考试后，甲方不再总是为成绩的事唠唠叨叨。

⑥周末时甲方不再额外地安排乙方的学习时间，但在考试之前，乙方应适当增加一点学习时间温习功课。

⑦甲方会及时与老师沟通，对于乙方学习中出现的问题，甲乙双方共同努力解决好。

⑧本合同自甲乙双方签字后生效执行。

甲方（签字）：_____　　　　　乙方（签字）：_____
　　年　　月　　日　　　　　　　　年　　月　　日

合同执行要点：

①要对孩子取得的成绩有正确的认识，要看到其中蕴含着孩子的努力，这样就会觉得来之不易，而不是采取消极的态度进行贬低和打击自己的孩子。

②要让孩子始终相信自己，坏成绩只是暂时的，不是一成不变的，只要平时比别的同学多花一点时间在学习上面，遇到问题，和父母多沟通，多听听同学、师长的见解，对自己的学习会很有帮助。

③家长指导孩子提高学习成绩有一个总的原则：不加规范和指导地任其发展不行，因为孩子对学习方法并没有一个理性的认识，只是在被动地接受，家长的引导可使其少走弯路；另外过多的规范和干涉也不行，要信任孩子，调动他学习的积极性、主动性。

5. 培养孩子好奇心的探索合同

好奇心是人们对新奇事物积极探求的一种心理倾向。爱迪生说："天才就是百分之一的灵感加上百分之九十九的勤奋！"这百分之一的灵感就是孩子的好奇心，因此做父母的决不能漠然视之，更不应当泼冷水，要进行有效的启发和诱导，要想方设法发掘他们的想象力和创造力，呵护孩子的好奇心，尽力引导孩子自己找到问题的答案。

季亚是个活泼的孩子，他对身边事物总是感到那么好奇，凡是有不知道的，他一定会努力寻找答案。他是那么喜欢问问题，同学们因此送给他一个"十万个为什么"的绰号。季亚还真是对得起这个外号。他那股打破砂锅问到底的劲儿一直保持着。季亚的父母很欣赏他这种凡事喜欢问"为什么"的好习惯，爸爸妈妈努力保护和鼓励他的好奇心。

有一次，季亚正在电脑上玩游戏，突然他对电脑的零件产生了兴趣。于是，他问爸爸："电脑里面硬件是怎样工作的呢？"

面对季亚的发问，爸爸想了想，笑着对他说："关于电脑如何运作的问题，我也不是特别清楚。不过，我有个建议，咱俩一起把它拆开，研究一下怎么样？"季亚高兴地说道："太棒了，我们一起来找答案！"

接下来的时间，爸爸和季亚对电脑进行了一次"解剖"，而季亚的问题也在这个过程中找到了答案。

之后，爸爸看着如此好奇好学的儿子，欣慰地说："儿子，我们来签一份合同吧，以后，凡是遇到什么问题，一定要保持你这份好奇心，将问题一网打尽。怎么样？"

季亚回答："好的！我举双手赞成。"

孩子从小在好奇心的驱使下，学会观察、比较、分析，长大后往往会变得更加充满智慧。好奇心受到良好保护和激发的孩子，将表现出良好的个性品质和积极的情感体验，这些都将对孩子的健康成长产生积极的影响。

在创造性思维中，发散性思维很重要，它是一种从多角度、多方位探索问题、寻找答案的反常规思考方式，往往有想象和幻想成分的参与。孩子的好奇心可导致其思考，利于锻炼发散思维，最终发展其创造性思维能力。因此，家长要鼓励孩子异想天开、标新立异，当孩子天真地向父母问这问那时，或用自己的想象来解释客观事物时，父母不应一笑置之或随意地加以否定，而是要正面鼓励并积极引导孩子的发问及幻想。

我国著名教育学家陶行知先生说："发明千千万万，起点是一奇。"求知欲一般由好奇心发展而来，是人们积极探求新知识的一种欲望。当一个人把求知当作自己的欲望时，他的学习过程就变成一个积极主动"上下求索"的过程，他就会主动地去阅读以获取知识、积极地思考问题、并通过做实验来验证他所学的知识，他学习时的注意力也会特别集中，会呈现出一个良好的求知状态。好奇心是创造力的源泉，而创造力又可以奠定一个人日后成功的基础。好奇是走向成功的第一秘诀。父母在教育孩子时，要想方设法发掘孩子的想象力和创造力，保护好孩子的好奇心。孩子别出心裁的新花样和恶作剧，正是他们创新精神的体现，父母千万不要感到气恼，更不要责怪孩子。

当代著名物理学家李政道博士说："好奇心很重要，要搞科学离不开好奇。道理很简单，只有好奇才能提出问题，解决问题。可怕的是提不出问题，迈不出第一步。"孩子的好奇心与生俱来，它主要表现在好问、好动方面。提问是孩子的天性，孩子由于思维的不成熟或者某方面知识的欠缺，提出的问题在成人看来往往很可笑，父母千万不要嘲笑孩子的幼稚。孩子喜欢探究并具有旺盛的求知欲，他们常常在好奇心的驱使下，每当见到一个新事物，总想去了解，父母的呵斥会挫伤孩子思维的积极性。正确的做法应当是因势利导，鼓励孩子的探索精神，并启发孩子"异想天开"。

附：爸爸妈妈跟孩子签订的满足好奇心合同

甲方：爸爸妈妈

乙方：＿＿＿＿＿

乙方是个好奇心很强的孩子，对这一点甲方很欣慰，为了使乙方的好奇心得到满足，并使这份好奇心向有益的方向发展，甲乙双方经协商达成如下协议：

①甲方支持乙方多提问题，对乙方提出的问题会耐心解释，即使认为乙方的问题稀奇古怪，也不能打击。

②乙方多提问的同时，自己也要多动脑、多动手，积极自主寻找问题的答案。

③对于乙方的问题不能解答时，甲方要主动与乙方一起查找资料、咨询相关人员以满足乙方的好奇心。

④甲方要购买一些乙方感兴趣的书籍，并参与讨论其中的问题。

⑤甲方要给乙方提供他独自游戏、玩耍的场所和机会，以培养他自己探索问题的兴趣和能力。

⑥乙方为了满足好奇心需要拆解家里的物品、玩具时，要事先征得甲方同意。甲方对乙方在这方面犯的错误不能过分责备。

⑦甲方抽时间带乙方去博物馆、科技馆参观。

⑧甲方向乙方推荐一两个启发智力的电视节目，并陪乙方一起观看。

⑨本合同自双方签字后生效执行。

甲方（签字）：＿＿＿＿＿＿　　　　　乙方（签字）：＿＿＿＿＿＿

　　　年　　月　　日　　　　　　　　　　　年　　月　　日

合同执行要点：

①当孩子不断提出各种各样的问题时，父母不用孩子所有的标准答案，而要鼓励和引导孩子通过自己独立思考来寻找答案。不要敷衍孩子，要给孩

子的提问以满意的回答。父母如果不懂，就与孩子一起去找答案。也可以进一步提出一个疑问和悬念，激起孩子更强的好奇心。

②在孩子的生活环境中，设置一些适合孩子动手的物件，增强孩子动手的信心和探索事物的机会。不要对孩子严厉管束，更不能打骂孩子，要让孩子有自由想象与拼装东西的空间，并让他获得成功的感觉。

③父母应该与孩子一起探讨未知的世界，成为孩子良师益友。鼓励孩子与父母共同参与游戏活动。在孩子讲话时家长要认真听并提出问题，显示出极大的兴趣。在游戏过程中，鼓励孩子要积极动手。这样既能提高孩子的知识水平，又可以建立良好的亲子关系。不要阻止孩子进行新的尝试，即使它是错误的，因为孩子会从动手的错误中学到东西。

④可以让孩子为自己的努力做个评价，让孩子为自己做出积极的评价。比如"我成功拼装了一个物件""我要继续做下去"等等。

⑤父母要多给孩子介绍周围的世界，对周围世界了解得越多，孩子对世界的好奇心就越强烈。从平常生活中找到孩子感兴趣的事，让他从平淡的生活里找到兴趣点，诱发好奇心。

6. 培养孩子动手能力地做事合同

教育家陶行知有句浅显易懂的话，蕴含着十分深刻的哲理，"人有两件宝，双手和大脑，双手能做工，大脑能思考。"家长们应该认识到这样一个道理：学习能力比学习成绩更重要，尤其是在孩子上幼儿园和小学阶段，考试成绩排第五名还是第十五名并不重要，重要的是他是否拥有了学习的能力，有了这种能力的孩子无论在什么样的学校、身处什么样的环境都能学有所成，也会给中学、大学阶段的学习打好基础。动手能力和喜欢动手的习惯就是学习能力中重要的一环，而这一环被许多家长忽略了。

高女士有一个女儿巧巧，今年 8 岁，已经读二年级了。高女士当年高中毕业后因成绩不理想，当了一名公交车售票员，后来通过刻苦自学会计专业，取得了大专文凭和会计师证书，才有机会调到现在的单位。自身的经历让她下决心抓好女儿的教育，不能让巧巧像自己一样在求学阶段落在人后，从而给以后的人生增加奋斗的难度。所以，除了学习之外，需要动手去做的事情她基本不让女儿伸手。但是有一件事的发生让高女士受到了震动。

巧巧跟同学们一起参加市电视台一个少儿节目，在做一个十分简单的手工时，巧巧没有做下来。看着电视上巧巧一副不知所措的样子，高女士感觉很尴尬。后来巧巧的老师也反映，巧巧的动手能力太差，如不加强，会影响她以后的学习。

但是巧巧不喜欢动手的习惯已经养成，高女士采取的一些措施很难奏效，为此她很着急。

这一天，高女士在办公室聊起这事，同事老张一听直拍大腿："哎呀高姐，有巧巧这样的孩子你就烧高香吧，我们家的那个捣蛋鬼才真让人头疼呢。"

原来老张的儿子虎子今年 6 岁，正上幼儿园。虎子的性格十分好动，更要命的是他的手始终闲不住，无论走到哪里都这里捅一捅，那里拍一拍，好奇的东西就拆开来捣腾一番。老张家里的电视机、电脑、DVD 以及他自己的玩具都是坏了修、修了坏，可他对学习识字这样的事情却一点不感兴趣。

在这里，巧巧的过于不好动手和虎子的过于喜欢动手，在习惯上都有其积极的一面和需要矫正的一面。就巧巧来说，她属于好静一类的性格，加强思考能力、提高学习成绩固然适合她的个性，也有利于她的成材，但如果动手能力过差，则会制约她的成长。就虎子来说，喜欢动手并不是坏事，因为就人才的类型来说，有的人偏长于书本知识的学习，有的人偏向于动手能力，虎子也许属于后者，关键是要积极引导，不能乱动手，同时书本知识的学习也不能放松。

科学证明，动手能提高孩子的想象力、创造力，进而提高孩子的智力。很多好动的孩子虽然不安分但是很聪明，经常动手做一些小东西，孩子的创造力和想象力会特别丰富，所以试着让孩子动动手，培养孩子的动手能力是父母的明智之举。创新素质是一个人各种素质中的关键因素，是成功素质的核心。一个人创新素质高低不仅体现出他的智力水平高低，还与个人的非智力因素，尤其是个性品质密切相关。喜欢动手去做且具有高创造能力的孩子自信、乐观、执着、顽强、坚忍不拔，这种坚强的性格、坚定的意志品质是成功的根本保证。

1997 年诺贝尔物理学奖得主朱棣文教授认为："中国的学生学习很刻苦，书本成绩很好，但是动手能力差，创新精神明显不足。"传统的教育方式，只注重动脑能力的培养，不注重动手能力的锻炼。当前素质教育要求：变单纯的灌输知识为学习知识的同时，培养学生的创新精神和实践能力。

孩子动手能力差，主要原因有：①父母担心孩子小不会做事，或怕孩子损坏东西，怕他出事，许多事不让孩子自己动手去做，而由自己包办，所以，孩子失去了动手的机会。②家庭装饰摆设成人化，没有孩子动手的小天地。孩子进了家门，这不许动，那不许碰，玩具不能自由拿放，孩子可活动的空间太小。③孩子动手材料少。爸爸妈妈花钱买的玩具，外表虽美观，但大多数是机械或电动的，不能拆拼，孩子缺乏动手材料。

灵巧的手是一个人大脑发育良好的标志之一。在大脑中支配手部动作的神经细胞有 20 万个，而负责躯干的神经细胞却只有 5 万个，可见大脑发育对手灵巧的重要性，而手动作的灵敏又会反过来促进大脑各个区域的发育。

这就是人们常说的"心灵手巧"。

要培养孩子的动手能力，首要条件是从"趣"字入手，只有孩子在情感上进入了，才有可能具有主动性。培养孩子的动手能力，家长应积极开展多种形式的亲子活动，使孩子所学的知识、技能重新组合加工，进行新的设想、创作。模仿是创新的基础，创新是模仿的新发展。通过各种活动，启发孩子的创造精神。想方设法让孩子通过各种活动，促使他们"动口、动眼、动脑、动手"去发现问题，解决问题，以此来启发孩子的创造性思维，培养创造能力。

附：爸爸妈妈跟孩子签订的动手合同

甲方：爸爸妈妈

乙方：＿＿＿＿＿

对于乙方来说是，学习书本知识与培养动手能力同样重要，应该互相促进，不可偏废，为此，双方签订如下协议：

①对于乙方感兴趣的事情，甲方应该以鼓励的态度积极指导，乙方则既要主动动手，又不能不按要求乱动手。

②对于课本上或老师安排的动手作业，甲方乙方都要积极参与、共同完成，双方都不能以任何借口拒绝。

③甲方指导乙方根据电视、书本上的说明，进行手工玩具制作。

④甲方负责从各种杂志、书籍中选择一些游戏活动，乙方应积极动手参加。

⑤甲方负责在家中常备一些画板、颜料、陶土、纸板、胶水之类的材料，方便乙方自主动手制作一些物品。

⑥乙方要自己动手把自己所有的东西干净、整齐地收拾好。

⑦乙方自己选择一样最喜欢做的家务，长期负责地做下去。

⑧乙方在动手过程中发生错误，甲方不得发脾气。

⑨本合同自双方签字后生效执行。

甲方（签字）：_____   乙方（签字）：_____

　　年　　月　　日　　　　　　年　　月　　日

合同执行要点：

①多动手勤练习。让孩子在参与的过程中，千方百计翻书查资料，设计出最好、最合理的，甚至找到连家长都想不到的简单易行的好办法。不要对孩子严厉管束，更不能打骂孩子，要让孩子有自由想象与拼装东西的空间，并让他获得成功的感觉。

②生活中的动手能力。在不影响孩子探索和保证孩子安全的前提下，在孩子的生活环境中，设置一些适合孩子动手的物件，增强孩子动手的信心和探索事物的勇气。

③鼓励孩子与父母共同参与游戏活动。在孩子讲话时家长要认真听并提出问题，显示出极大的兴趣。在游戏过程中，鼓励孩子要积极动手，可以让孩子把做东西的感觉用语言准确地表达出来。

④父母可以与孩子围绕一个题目编游戏，要注意根据孩子的兴趣、特点选择游戏，探索它的内容，比如，用放大镜、收藏箱、分类合作为主题。

⑤教孩子生活独立。鼓励孩子自己洗手、洗脸、刷牙；家中的一些家务活，如包饺子、择菜等，可让孩子动手和父母一起做。很多孩子能在选择物品时做出正确的决定，尽量让孩子选择那些有助于开发他动手能力的物品，然后让孩子按自己的选择去做。

7. 锻炼孩子思维能力的用脑合同

"小孩子讲究什么思维能力？"持这一想法的家长可能没有意识到，较强的思维能力正是通过小时候的锻炼得来的，一个从小就习惯于遇问题不求甚解的孩子，你还能指望他长大后有深入思考的能力吗？

郝友的依赖性比较强，他做事经常问爸爸妈妈自己该怎么做，做作业时，遇到一时不懂的问题想都不想一下就去向妈妈爸爸请求为他讲解。

有一天，郝友的爸爸骑自行车带着他去郊外玩。在路上有一架飞机刚好飞过头顶。郝友的爸爸说："儿子，你看，飞机尾巴后面长长的一条是什么呀？"郝友往天上一看，果然有一条长长的白线，他迫不及待地问爸爸："爸爸，快告诉我，那是什么呢？"

爸爸说："你要自己先想一想，为什么飞机飞过会有那么笔直的一条线呢？自己动脑之后，想不出来时，才能去问别人啊。"

后来老师也向郝友的爸爸反映，郝友遇到问题总是先问别人、问老师，而不是先认真地看看题目、动动脑筋，这个毛病如不能纠正，会影响他的学习和成长。

郝友的爸爸也认识到了问题的严重性，但苦于不知从何入手。

其实，在这个问题上家长需要做的只是适当的引导，孩子喜欢问说明他好奇心强，只要把这种好奇心往深处做一点引导，他就会发现通过自己的思考得出结论的乐趣，就会逐渐养成喜欢动脑的习惯。

孩子思维的发展是由具体向抽象发展。适当的教育与训练，不仅可以促进其思维的发展，还可以培养良好的思维品质，如思维的深刻性、灵活性和创造性等等，从而提高孩子的思维能力。家长要主动提出一些孩子能回答的问题，引导他去思考，锻炼孩子的思考力。在家庭生活中，锻炼孩子思考力的机会是很多的，只要家长在这方面做有心人，善于引导儿童去思考就会获得丰收。

随着孩子年龄的增长，他们有了较多的感性知识和生活经验，语言发展也达到较高水平，为思维发展提供了工具。父母要引导孩子遇到问题如何通过分析、综合、比较和概括，作出逻辑的判断、推理来解决。教孩子掌握正确的思维方法，一旦他们掌握了正确的思维方法，就像插上了思维发展的翅膀一样，抽象思维能力就能得到迅速的发展和提高。

培养孩子的思维能力要让他们养成勤于思考的好习惯，遇事不能先问别人的看法，先要好好分析一下过程和原因，自己想出办法来之后，再看看别人的意见，看看自己的思维能力和别人的有何不同，然后再总结一下。告诉孩子不要太在乎别人的否定意见，培养孩子科学用脑的习惯，对学好各门功课有至关重要的作用。父母应要求孩子独立完成作业，不可抄袭，使孩子养成勤思、勤问，先思后问的习惯。

创造精神是独立思考的一个重要组成部分。瑞士著名的教育心理学家皮亚杰曾说过："教育的主要目的是培养能创新的而不是简单重复前人已做过的事的人。"不要怕孩子提出一些刁钻古怪的问题，要尊重他们不同寻常的提问、想法，这些问题背后有可能蕴含着深刻的道理。要尽量引导孩子突破定势的约束，推陈出新，不落俗套。如果父母一味地用狭窄的标准来约束和衡量孩子，必将扼杀多样化的思维，从而也扼杀了孩子的创造力。人的创造才能不是天生的，而是后天习得的。没有人一出生就是创造者，他们只是喜欢思考。任何新的理论刚提出时，都可能被人们嘲笑，提出者都可能被人们骂作是精神残疾，他们的成功都归功于善于独立思考，敢于坚持自己的观点，敢于向权威挑战。

敢于提问的人才是勇敢者。事事留心皆学问，要孩子留心身边的现象，发现平凡中的新奇，也是追求成功所必须养成的一种习惯，对于孩子来说，它可以通过培养而形成。观察者要做有心人，要有意识地观察某种事物，要带着问题去观察。这样的观察，收获大、印象深。

附：爸爸妈妈跟孩子签订的用脑合同

甲方：爸爸妈妈

乙方：＿＿＿＿＿＿＿

甲方要求乙方遇到问题学会主动思考，想明白了再说；乙方决心改变自己不经思考就乱问问题的习惯，为此双方协议如下：

①乙方遇到任何问题先不说话，停顿一分钟进行思考，真的想不明白时再问别人；问别人问题时也要找出问题中的关键之处。

②在家里，甲方要就家里的事情征求乙方的意见，并引导乙方认真思考，争取以自己的观点说服甲方，而甲方对乙方的努力要给予鼓励，对乙方正确的观点要采纳。

③在家庭教育中，甲方要积极引导乙方学习不能只靠死记硬背，要尽量与乙方一起做一些思考题，从中引导乙方考虑问题尽量深入。

④对于乙方特别感兴趣的事物、话题等，甲方要鼓励他往深处思考一下，不能仅仅停留在"喜欢"上，还要弄明白其中的根由等。当乙方因探究问题而造成一些麻烦时（比如拆解玩具、钟表等），甲方不应过分追究。

⑤一家人外出见到一些人和事，要多让乙方发表意见，当乙方说出经过思考得出的结论时，无论对错，甲方都应给予鼓励。

⑥甲方要多与乙方一起做一些开发智力、锻炼思维能力的小游戏，如猜谜语、填字等。

⑦甲方每晚给乙方读一个故事，并就故事中的内容向乙方提出问题，答得好就奖励。

⑧如果一个月之内乙方在主动思考方面有了进步，甲方要给予物质上的

奖励。

⑨本协议自双方签字后生效执行。

甲方（签字）：_____   乙方（签字）：_____

年　月　日　　　　　　　　　年　月　日

合同执行要点：

①年龄小的孩子遇到疑难问题，总希望家长给他答案。高明的父母，面对孩子的问题，只是告诉孩子寻找答案的方法，也就是启发孩子，一个问题应该怎样去想、去分析，怎样运用自己学过的知识和经验，以及运用工具书等。当孩子自己得出答案时，他会充满成就感，思维能力提高而且产生新的动力。

②经常面对问题，大脑就活动积极，问题是思维的引子。遇到父母也弄不懂的问题，通过请教他人、查阅资料、反复思考获得圆满答案，这个过程最能提高孩子的思维能力。父母也应放下架子，向孩子虚心请教一些自己不懂的问题，这些做法，对发展孩子思维是极有好处的。

③与孩子分享做事的快乐能够使孩子经常处于良好的情绪中，增加他地做事热情和积极性。这种情绪将使孩子做事更具有激情，从而学会思考。父母要平衡自己的权威和孩子自主之间的关系，还要多鼓励孩子的探究行为，不能孩子做的事情一旦不符合大人的意愿就遭到阻止。

第九章

培养孩子待人接物与日常生活习惯的合同

　　我们都喜欢待人彬彬有礼、生活中井然有序的孩子，相反，那些分不出长幼尊卑，书包、衣服、玩具总是乱成一团的孩子总会让你皱起眉头。但这并非孩子的错，一定是家长的教育理念和方式出了问题。跟孩子签一份合同试试，也许会让孩子在待人接物以及日常生活的诸多习惯都能有所改观。

1. 纠正孩子不良习惯的日常生活合同

　　好习惯能够成就一个人，坏习惯则会毁了一个人。家长如果回顾一下自己的成长之路就会发现，你的事业或家庭生活中的成功经验与失败教训，往往与日常生活中的小习惯有密切的关系。纠正孩子的一个不良习惯，就会给孩子未来的成功消除一种隐患，积累一分积极的因素。

　　张圆圆的妈妈很奇怪，女儿刚读一年级，怎么总是有做不完的功课。后来，她经过仔细观察发现，张圆圆每次不是在那里削铅笔，就是对着天花板发呆，或者是摆弄尺子，几分钟过去了，她也没碰过一下书。张圆圆的妈妈开始反思：问题出在哪里？孩子一定以为她自己整个晚上都在做功课，却没有意识到其实是在浪费时间。怎么才能帮助圆圆改掉拖沓的坏习惯，这成了妈妈头疼的问题。

后来，她和邻居王女士交流，她也是圆圆同学陈晶的母亲。听到她说，自己的女儿身上也存在这种问题。圆圆的妈妈这才意识到，做事注意力不集中、拖沓、小动作多，是一般孩子的通病，进而她想到，不光是这些，孩子的身上还有不少的小毛病，比如做事没有条理，自己的书包里总是乱七八糟，以及粗心、没有节俭意识、喜欢吃零食而不好好吃饭等等。这些小毛病如果不及时纠正，一旦成为她的生活习惯，对她未来的生活会产生很不好的影响。

其实，孩子身上存在一些小的不良习惯是正常的，但家长漠视这些坏习惯的存在则是不正常的甚至危险的。

父母若想让孩子改掉一些坏习惯，首先应注意不要对孩子给予过分的关注。比如，在吃的方面，父母不要在孩子的口味上总是加入太多自己的喜好，而且唠叨着让孩子"应该吃什么"、"多吃什么"、"快点吃"之类。这些都将影响孩子的思维和选择，制约他们的味觉和嗅觉神经感受，因此孩子不能体味食物的美感。长此以往，孩子会慢慢地以厌食对抗父母的关注。父母最好的态度是，一贯地采取合理提供用餐内容、用餐时间、给孩子做出愉快而津津有味的吃饭的榜样，还要提供给孩子判断和选择的机会。孩子之所以拖沓、依赖、无助，主要由于父母完全代替了孩子的思考和判断，没有开始培养他们从小就该具有的责任能力。孩子的责任感，就是要在与他们有关系的事情上，让他们具有尽情、自由地发言的机会，并让他们学会自己选择。父母要合理满足孩子的要求、合理规范孩子的行为、一贯坚定地执行规范。在孩子的行为上，哪些是可被接受的，哪些是不可被接受的，孩子需要一个明确的界限。

父母不过多地为孩子做主的同时，也应把握放手的尺度。有一项调查表明：我国有 31% 的小学生不愿吃早餐，有 37% 的小朋友经常喝碳酸饮料。大部分小朋友不愿吃芹菜、胡萝卜、白菜、土豆、海带、豆腐等营养丰富的食物。而这些食物是很健脑的。碳酸饮料喝多了，会使钙质流失，不仅造成龋齿，而且对脑部会有不良的影响，使人注意力变得散漫，性格极度敏感，易发脾气，将引起情绪不安，最终导致身体素质较差，学习成绩不理想。有的孩子偏食很严重，只喜欢吃某一类食物。为了孩子的健康，父母一定要让孩子吃富含各类营养的食物，不偏食。豆制品、奶类、蛋、鱼虾、瘦肉富含维生素，蔬菜、水果富含维生素和钙等无机盐类。

无论是拖沓没有时间观念，还是偏食，都是孩子的不良习惯。父母一定要让孩子懂得：良好习惯都是通过做好细节的小事而养成的。好的习惯能够提高人的素质，改变人的一生。做父母的要了解孩子的行为问题、孩子正常的活动方式。孩子吃饭时哼着歌或敲打着碗，而不是专心致志，就要帮助他改正。要用心设计训练孩子养成良好日常习惯的计划，帮助他控制自己的惰性和欲望。父母不仅要要求孩子，而且自己也要参与，至少在孩子面前应该表现得富有自制力，珍惜时间，充满责任心。

附：爸爸妈妈与孩子签订的养成好习惯合同

甲方：爸爸妈妈

乙方：_____

乙方知道，要想实现自己的大理想，就必须纠正自己生活中的一些不好的小习惯，因此，愿意在甲方的指导下改正自己，让自己做一个更优秀的孩子，在这方面，甲乙双方达成如下协议：

①乙方愿意养成注意力集中的习惯。做作业或是做其他事情时，就努力把这一件事做完做好，而不是三心二意，或者做一些小动作，吃饭时不能边

吃边玩或者边吃边看电视。

②乙方愿意养成按时吃饭、少吃零食的习惯。零食里会含有添加剂，吃多了对身体不好，乙方在想吃零食时，要听从爸爸妈妈的劝告，忍住吃零食的欲望，尽量在吃饭时多吃一些。

③乙方愿意养成做事有条理的习惯。自己的玩具玩过后要整理好，书包里的书和学习用品按次序放好，放学后先把作业写完再去干其他的事情。

④乙方愿意养成有规律作息的习惯。晚上睡觉时间到了，就要上床睡觉，早上该起床了也要按时起床。

⑤乙方愿意养成节约的习惯。平常注意随手关灯、关电视，没吃完的食物要保存好，下次再吃，懂得爱护爸爸妈妈给自己买的新衣服、玩具等。

⑥乙方愿意养成做事细心的习惯。在家里也好、学校也好，做事情不能粗心大意、丢三落四，自己的东西自己保管好，爸爸妈妈、老师有什么要求要用心记住。

⑦甲方愿意帮助乙方纠正这些小毛病，同时注意不能态度粗暴，而应该采取温和的方式，在乙方有了进步后，甲方要给予适当的奖励。

⑧乙方有权指出甲方的坏习惯，并在乙方的监督下改正。

⑨本合同自甲乙双方签字之日起生效执行。

甲方（签字）：_____   乙方（签字）：_____

　　年　　月　　日　　　　　　　　年　　月　　日

合同执行要点：

①签订协议之前，要尽量让孩子明白某些不好的习惯对他实现自己的理想是十分有害的，从而让他内心里产生改正这些习惯的愿望和动力。这是合同能否有效的关键。

②既可以针对孩子多个方面的问题签订一份全面的协议，也可以就孩子表现突出的问题制定一份专门的协议。

③如果孩子的行为是与爸爸妈妈自身的行为有关，父母就要从自身找问题了。比如，有的家长平时喜欢边吃饭边看电视或书报，有的家长也会因疲倦或懒惰做事拖时间，这些行为潜移默化地影响着孩子，非常容易使孩子养成注意力不集中、办事拖沓等不良习惯。因此，家长不妨先自我检查，为孩子做个榜样。

④帮助孩子制定一个作息时间表。帮助孩子在计划中度过一天的时间，可以把周末的两天休息认真规划一下，如果见效就可以修改、延长，一周下来就可以制定一份比较规范的作息时间表了。让孩子严格按照作息时间表来安排自己的生活，不要因为不良的习惯破坏了计划。让孩子每天晚上睡觉前，对照时间表检查一下，看他是否按照计划完成了所有的事情，如果完成得不好，父母要陪同孩子一起查找原因，对未完成的事情，及时制定补救措施，帮助他做好，下次注意，这样他第二天就会做得更好。

2. 让孩子养成自我保护意识的防范合同

孩子是最容易受到伤害的群体，在儿童被拐卖、受到性侵犯的案件屡见不鲜的情况下，家长们在对孩子的保护方面切不可粗心大意、存在侥幸心理。当然，父母不可能时时刻刻陪在孩子身边，保护孩子最有效的办法是提高孩子的自我保护意识，让他养成碰到事情首先要自我保护的习惯。

一个晴朗的星期天，陈洋洋的爸爸妈妈不顾冬天的寒冷，像每一个周末一样，去看望同城住着的洋洋的爷爷奶奶。十岁的洋洋快考试了，最近的作业比较多，所以，妈妈这次没有带着他一同前往。洋洋特地一大早给爷爷奶奶打了个电话，问候了他们。

陈洋洋的爸爸妈妈因为有些不放心留他一个人在家，快到中午时便回来了。可是推开门却发现洋洋并不在家，夫妻两人一下子没了主意。正在着急时，见儿子从门外跑进来，手里提着个小箱子。这时吓得一身冷汗的妈妈，又生气又奇怪地问道："你在干什么呀？爸爸不是嘱咐你不要出家门的吗？"

洋洋指了指手上的箱子："是爸爸单位的丁叔叔开车来了，他顺路给咱们家送了点特产，打电话时我说你们都不在，他说不好停车，所以我就跑下楼去拿的。"

听洋洋这么一说，爸爸妈妈才松了一口气。但同时，他们也意识到孩子单独一个人在家时，是多么不安全。在以后的日子里，爸爸妈妈时刻注意提醒洋洋如何保护自己，如何树立必要的防范意识。

有调查显示：少年儿童的自我保护意识和能力较差。相关部门曾作过这样一次试验：以若干名小学生为调查对象，当家里只有他们一人在家时进行敲门试验，通过多种借口，比如查煤气表、检查水管、修理电器、推销商品等，都无一例外地敲开了这些孩子的家门。少儿的自警意识之差由此可见一斑。而更使人担忧的是，校内安全、校外活动安全、卫生防疫、饮食安全、交通安全、自然灾害防范等安全教育仍然很薄弱，中小学生缺乏安全意识是普遍存在的现象。虽然家长们都很担心孩子的安全，但是，很少有家长有意识地对孩子进行过自我保护和自救方面的教育。有些家长自己都没有防护和自救这方面的意识，有的甚至还起错误的"示范"作用。

懂得自我保护的技能是孩子生存能力提升的一个重要标志。来看下面的一组数据：

据中国疾病预防控制中心与公安部开展的"中国儿童步行安全状况调研"报告显示，2004年共有7078名中国儿童被道路交通伤害夺去了生命，有28017名儿童在道路交通伤害中受伤，这是多么令人焦虑的数字。

据有关部门统计，我国中小学生每年意外伤害事故，死亡人数在万人以上，平均每天都有一个班的孩子因意外伤害事故丧失生命。这是惊人的事实。

近年来，云南警方调动了上万名警力，花费了 600 多万元，全力寻找 200 多名丢失的孩子。

2004 年 8 月，福建警方历时两年多，解救了 44 名被拐卖的婴儿，而这次寻亲行动动用了上百名警力，耗资近 500 万元。

孩子丢了，意味着父母从此无心工作。被拐卖当然是比较极端的例子，而孩子在现实生活中总是可能受到不同程度的欺骗和伤害，因此对受过欺骗和伤害的孩子的心理疏导也是一个重要的问题。

为了从根本上解决这一问题，父母一定要教育孩子树立自我保护的意识。解决孩子安全问题，首要的是要确保孩子的人身安全。在这方面，作为父母要协同社会一起，为孩子的成长塑造健康、安全的环境而努力。

在这个信息爆炸、科技发展的时代背景下，网络的普及对于缺少判断力的儿童来说所带来的负面影响也不容置疑。为此，应该对孩子安全问题有一个全新的认识，在注重孩子生理安全的同时，也不要忽视精神伤害这一隐性因素的作用，努力做到真正全面地关怀孩子的成长和安全。另外，绝大多数学生伤害事故的发生都与学生之间的打闹玩耍有关，而中小学生对自己行为及其后果的识控能力较差，对玩耍的分寸也缺乏一定的把握能力，因此家长和教师都有责任告知这些未成年人娱乐玩耍要有度，以避免那些不该发生的伤害事故给孩子的学习和生活带来不必要的影响。

附：爸爸妈妈跟孩子签订的自我保护合同

甲方：爸爸妈妈

乙方：_____

乙方应该认识到，社会上好人多，但也有一些坏人，有的坏人还专门打小孩的主意，因此，乙方愿意增强自我保护意识。甲乙双方就这个问题签订如下协议：

①乙方一人在家时，一定会关好门窗。如果有人敲门，要从"猫眼"看清来客是否认识，只有认识他才会开门；如果是陌生人，就不开门；不告诉陌生人任何事情，可以说大人正忙，请他下次再来；如果陌生人还不离开，就打电话给邻居或打110报警。

②如果在逛街或游园时，与爸爸妈妈走散了，乙方会马上到广播室或者找警察叔叔，不听信陌生人的话，更不会跟随他去找爸爸妈妈。

③不喝陌生人给的饮料、糖果以及其他食物，不到荒凉或偏僻的地方玩耍。

④乙方会记住自己的家庭地址以及爸爸妈妈的工作单位、电话号码，有事时及时和爸爸妈妈取得联系。

⑤在横过马路时，乙方一定会遵守交通规则，不闯红灯，走斑马线。不在道路上与同伴嬉笑、打闹。

⑥乙方保证除了看病的医生之外，不让任何人触摸自己的身体。

⑦在与同学玩耍时，乙方会把握好分寸与尺度。如果伙伴有过激行为，就及时回避，以免造成双方的伤害。

⑧乙方会跟爸爸妈妈学会使用电源开关、煤气阀，离开家时，要把水龙头关紧。自己不随便开煤气灶，不触摸电源和电器的金属部分，不玩明火。

⑨乙方单独外出时，向爸爸妈妈说明情况，说明去向和回来的时间。

⑩乙方会牢记一些特殊电话号码：110为盗警，119为火警，120为急救电话，必要时使用。

⑪本协议自双方签字后生效执行。

甲方（签字）：_____　　　　乙方（签字）：_____
　　　年　月　日　　　　　　　　年　月　日

合同执行要点：

①家长要有意识地创设危险情境，教会孩子自我保护的方法，提高孩子的自卫能力。比如，要教会孩子在公共场所走失后，应怎样求助，什么样的人才是可靠的求助者。教会孩子一人在家时，如有陌生人敲门该怎样应对。放学回家的路上，有陌生人要领自己"玩"该怎么办；还可以利用媒体中的相关材料教会孩子应付突发事件，如地震、火灾等。

②引导孩子找出身边容易出危险的地方，是非常有必要的。如户外活动时先把游戏的目的要求向孩子说明，然后让他们用眼睛观察周围的环境，看看哪里容易出危险，提高孩子对危险的预见性。再如，看到有孩子在教室里追逐打闹，马上组织孩子们讨论这样做的后果，然后让他们在教室再找找看还有哪些地方容易发生危险，用自制的危险标记做上记号。孩子参与了"找危险"的活动，印象深刻，自我保护意识便提高了。

③孩子对周围的世界是充满好奇的，他们并没有对危险的警觉性，所以，进行危险尝试也是必要的。家里烧开水，一直是让家长放心不下的地方，有的孩子喜欢趁父母不注意的时候去碰碰它，许多危险就因此而产生。因此，家长在打开水时就请孩子们先观察，开水热气腾腾和翻滚的情形让他们大吃一惊，然后再接了一杯水让他们轻轻地碰一下杯子，他们尝到了"烫"的感觉，知道了开水的危险，就再也不去碰它了。

④要让孩子明白，自我保护与以自我为中心的区别，使孩子在勇于、善于自我保护的同时，能够从小就勇敢而机智地承担起适当的社会责任。平时，可以向孩子提一些这类问题，然后一起讨论解决的方法。比如："如果在公交车上，你发现了一个贼正在偷别人的钱包，应该怎么办才能既维护了正义又不使自己受到伤害？""如果有小朋友落水了，你又不会游泳，应该采取什么措施才能既救了朋友又保护了自己？"等等。

⑤父母应注意以身作则。比如家长骑摩托车应戴安全头盔、按规定载人、驾驶汽车应系好安全带。不乘坐没有安全座位的超员车、货车、拖拉机、"带

病"车,过马路时严格遵守交通规则,红灯停、绿灯行,标志标线要看清;穿越公路左右看,不在马路上跑,不违反交通法规等,以身作则,使孩子对交通安全更加重视。

3. 培养孩子理财习惯的合同

一说到理财,很多人认为这是成年人的事,其实不然,理财观念恰恰需要从小培养,要让孩子早一点明白父母所给的每一块钱都来之不易,都应该花得明、花得值,从而养成理性消费的习惯。

强强的父母是公务员,家庭经济条件很好,强强在同学中俨然也是个"大款",他的兜里经常揣着上百元钱,每月的零花钱总数至少在 500 元以上。强强中午经常请同学吃校门前的食品,从肉串到饮料,每次都能吃 20 元左右的东西,有时候请同学下饭店,甚至有一次强强的妈妈看到强强与两个小伙伴在路边大摇大摆地抽着烟。

强强的父母原来想,因为工作忙没时间管孩子,不能让孩子在生活上受到委屈,但随着强强索要零花钱越来越频繁,数额也越来越大,强强的父母认识到:强强对财富没有正确的观念,长此以往,怕强强会养成更多的坏毛病,变成一个纨绔子弟。但如果一下子断掉强强的零花钱,又怕强强一时难以接受,强强的父母在向一个研究家庭教育的朋友请教之后,和强强一起开了一次家庭会议。

会议是在晚饭之后开始的。爸爸对强强说:"强强,你最近各方面都表现不错,学习和生活上都不用爸爸妈妈操心,爸爸妈妈觉得你可以帮助爸爸妈妈管理家庭开支，你愿意吗？"

强强很高兴，说："好啊，我愿意。"

强强的妈妈说："你的责任很大啊，既要保证不出现赤字，又要记账清楚，还要分析各项支出是否必要，你能做到？"

强强自信满满地说："没问题。"

理财既不是成年人的专利，也不是所谓"有钱人"的专利，在西方有的小学已开设了专门的孩子理财课程。学会理财，孩子就能珍视父母的付出，养成良好的消费习惯。中国自古就有富不过三代的说法，为什么？因为如果不会理财，再多的财富也会很容易花完的。

美联储主席格林斯潘曾在国会发言时指出，在早期教会学生一些个人理财方面的基本知识是非常重要的："我们要改善中小学的财经教育，帮助年轻人不至于作出错误的财务决定。"

"独立而拥有财富不应该是少数人的特权，它应该是每一位美国人的希望所在，它是实现希望的有效工具。"而在理财观念尚不普及的中国，是不是也该在培养青少年理财观念方面向前"走一步"？

孩子要学会在市场经济社会中生存，家长对孩子进行金钱和消费教育的必要性，是不言而喻的，关键是教什么、怎么教，也即教育的科学性问题。

从孩子要零花钱时起，他们心中已渐渐存在金钱的观念了，父母应该为孩子有这样的想法而高兴，因为那是孩子长大的表现。父母应以平和的语气问孩子："你打算怎么支配这笔钱呢？"一则，了解一下孩子打算拿钱来做什么，孩子要拿钱买东西的时候，父母可以根据具体情况帮孩子合理使用金钱，在适当的时候还可以提出意见。再则，也暗示他要想想如何使用零花钱，不能随便花掉。在同意孩子管理自己的钱的同时，父母也要注意培养孩子正确的金钱观。父母应让孩子明白：钱是解决生活问题的一种媒介，它本身不能解决生活问题；花钱是为了满足自己的生活和学习需要，是为了增进进步，而不是满足不正当的欲望；钱是平常之物，没有神通广大的作用，不能解决所有问题；比如：钱不能换来爱，不能换来信任，不能换来尊重。

对此，教育专家指出，孩子越早接触钱，越早具备理财的观念，长大后也就越会赚钱，关键是家长如何教孩子花钱、理财。建议家长给孩子钱要有节制，同时教育孩子有计划地花钱，引导孩子控制自己的欲望，同时让孩子明白自己的钱花到哪里去了，而这些钱到底该不该花。

俗话说"不当家不知道柴米贵"。父母要多让孩子深入生活，了解生活，体验生活。从而知道更好的珍惜生活，珍惜劳动成果。这一点对于他们的成长必定会有深远的影响。需要家长注意的是：培养孩子理财能力时，不要只注重培养孩子的节俭意识，而要把节俭、消费、储蓄、投资、捐赠等观念结合起来，使孩子形成全面完善的财富观念。

有些父母常有意无意地渲染金钱的作用，如对孩子说，"亲我一下，给你一块钱"。有的甚至还宣传有钱就高贵，如对孩子说，"孩子，你看他多有钱，多让人羡慕"，结果使孩子认为只要有钱就会有高贵的社会地位，就能得到所有人的爱。结果这恰恰是把孩子引向对金钱的崇拜，而没有引向对自我能力、对个人的社会价值的追求。因此，父母还要让孩子明白：学会理财不仅仅是为了积累财富，既是对创造财富的劳动者的尊重，也是对用血汗辛苦赚钱的父母的尊敬。

家长培养孩子的理财能力，要做到以下几点：

①教孩子认识各种货币的价值及其使用；

②教孩子养成储蓄观念；

③教孩子合理使用自己的积蓄；

④在金钱的使用方面，教孩子乐于分享，体验捐献和助人的喜悦；

⑤教会孩子精打细算，不乱花钱，不浪费钱财；

⑥教孩子学会通过正当手段去获得一些收入；

⑦注意用自己的理财观念和消费行为来影响孩子。

附：爸爸妈妈跟孩子签订的家庭开支管理合同

甲方：爸爸妈妈

乙方：＿＿＿＿＿＿

我们家庭每月拿出 2000 元作为生活基金，现任命强强为家庭 CFO，月薪 200 元（从生活基金中支取），负责管理家庭生活基金，记录和分析家庭各项开支，对该 CFO 的要求是：

①保证不挪用家庭生活基金，否则解除强强的 CFO 职务。

②用明细账记录家庭经济收支情况，账目中不能有混乱、不全或错误情况出现，有上述情况出现一处扣除 CFO 工资 10%。

③分析家庭各项支出，并指出不必要的支出以及开源节流的方法，如果方法有效，节约金额的 10% 为 CFO 的奖金。

④如果家庭生活基金每月有剩余，储蓄起来作为寒暑假旅游基金，旅游基金暂存入 1000 元。

⑤ CFO 如果当月开支超出自己的月薪，超出部分可以从旅游基金中贷款，最高额度为 100 元，利率为 1 分 / 天，从下月工资中扣除本息。

⑥ CFO 如果当月开支不超出自己的月薪，剩余部分可以存入教育基金，家庭生活基金投资方（爸爸妈妈）也必须拿出相同金额的两倍存入教育基金，此教育基金在 CFO18 岁之前只能存不能支取。

⑦除工资外，CFO 的其他收入（压岁钱、亲友赠送款项等）必须存入教育基金。

⑧此合同自签订之日起生效执行。

甲方（签字）：＿＿＿＿＿＿　　　　乙方（签字）：＿＿＿＿＿＿

　　年　　月　　日　　　　　　　　年　　月　　日

合同执行要点：

①"理财合同"是通过契约的形式，把父母需要达到制止孩子乱花钱、学会理财等教育目标转化为孩子的内在要求和自觉行动，从而增强了孩子的自我约束意识和自我管理能力。更为重要的是通过"合同"的制约，使孩子逐步树立自尊、自立和责任感，促进个性与理财能力的良好发展，并为他们长大独立理财、"重合同守信义"打下基础。

②每个家庭的经济情况不一样，和孩子签订的理财合同也不相同，但关于有关理财的合同，如零花钱合同、压岁钱合同以及有关金钱的储蓄和借贷，父母应郑重其事地和孩子进行讨论，以期达到彼此满意的解决办法，并且要告诉孩子，合同一旦达成，他就必须遵守执行。也要让孩子明白，该合同是家庭生活中的一项制度、规矩，这并不是父母对他施加压力的一张王牌，也不会因父母的情绪好坏而随意违反。不要表面上签了合同，父母随意去做，那么合同实际上形同虚设，根本没起到作用。所以坚持合同的"严肃性"也是对父母的监督，父母仍要狠下心来，执行合同，决不违约，才能收到良好的效果。另外，合同内容不宜定得太死，要让孩子有自己安排的空间。还有就是要预防祖父母的干涉行为，我们称为"隔代亲子冲突"。既然父母和孩子有约在先，祖辈就不应干涉。偷偷塞钱给孩子，会使他们从小轻视规则，甚至养成不守信用的坏习惯。所以，家长们一定要先统一意见，再对孩子进行教育。

③在理财合同中，要兼顾以下几点：

1）记账观念。让孩子自己记录都买了些什么，花多少钱买的，一段时期后，帮助孩子判断哪些钱花得值，哪些钱不该花，从而引导孩子买自己真正所需的。

2）节俭观念。把孩子每月的日常开销记录下来，比如学费、饭费、文具费用等，和孩子商量压岁钱和零花钱可以支付哪一部分，并说明如果孩子自己能负担这部分费用，家庭负担能减轻很多，爸爸妈妈就轻松多了。

3）储蓄与消费观念。与孩子协商把压岁钱和一部分零花钱存起来，利用假期去旅游，增长知识，开阔眼界，或者在给孩子购买大件物品（如电脑）时，让孩子自己承担一部分费用。

4. 培养孩子锻炼身体习惯的健康合同

家长对孩子的身体健康问题向来很重视，但大都集中在吃与穿上，对于孩子的锻炼问题，或者重视不够，或者家长自身比较懒、没有锻炼身体的习惯，都没有提上议事日程。

李壮壮非常喜欢学习，他是一个很乖的孩子，每次作业不用爸爸妈妈操心就非常自觉地完成了。做完作业以后，他就会静静地看书，要不就看一些喜欢的动画片和动物世界类的节目。他喜欢安静地待着，总是懒得运动。一个月内，他因为感冒、发烧、咳嗽等病症，不得不接二连三地请假，耽误了自己的学习不说，父母亲也因此不能正常上班，请假陪护他。

这一天，因为李壮壮又一次病倒了，他的爸爸就去学校跟老师请假，老师见到他以后，就说："孩子最近总是生病，一定要注意他的身体。李壮壮平时学习很不错，可不要因为生病耽误了学习呀。"他爸爸连连点头，感激地对老师说："谢谢您的关心，我一定要想想办法，看看儿子的身体是怎么回事？争取不要因此耽误学业。"

回去之后，爸爸开始进行反思，孩子自从上学以来，各个方面都不用他们做父母的操心，只有身体是最大的问题，每逢初春及严冬季节，只要有个流感之类的病，他几乎无一幸免。是不是儿子好静不好动的性格造成的呢？

当天吃过晚饭后，爸爸见李壮壮有点好些的迹象，就对他说："儿子，跟爸爸下去打一小会儿乒乓球吧？"李壮壮回答说："爸爸，我不是很舒服呀。不想动，还是看书吧。"爸爸说："壮壮，出去走走吧。不能总是闷在房间里，不活动。这样对你的病情没好处。"于是，李壮壮很不情愿地穿上衣服，随爸爸出去了。

走进楼下的健身器材区，看到许多大人和孩子在那里锻炼，爸爸对李壮壮说："壮壮，你的身体素质不好，是与爸爸妈妈的重视不够有关的。我们以前只关注你的学习，考试成绩好就很高兴了，忽略了你的身体素质方面。你以后的学习任务会更重，身体健康是保证好成绩的条件啊。这样吧，爸爸和你订一个约定，好吗？"李壮壮不解地问："什么约定啊？"爸爸说："就是以后每天跟爸爸一起锻炼身体，以前爸爸也太懒了，你看我的肚子都圆了。以后咱俩定个合同，互相监督，共同把身体锻炼好。"李壮壮一听，很感兴趣地点了点头。

身体是"革命"的本钱，也是孩子健康成长的本钱，怎样才能拥有一个好身体？养成爱运动、常锻炼的习惯比什么都重要。家里有一个"大懒"，必然会培养出一个"小懒"，为了孩子也为了自己，家长要首先"动"起来。

孩子读书学习，需要耗费相当大的体力与脑力，拥有健康的身体，将有助于学习效率的提高。想要拥有健康的身体，一是要摄取均衡的营养，另外是要积极投入运动。很多实验证明，体能活动对心智的发展有促进作用。一位美国学者曾拿老鼠做过关于运动的实验，显示运动的两大好处：有氧运动能供给脑部更多营养；技巧性的运动可以使神经键的数量增加，神经键的数量多，可以使大脑处理资讯的能力增强。还有一项科学研究也显示，有氧运动会增加大脑中某些能刺激神经细胞生长的化学物质的数量。这些都说明，经常参与运动的孩子，功课将会比那些不爱运动的同学更好。

身体锻炼要想获得理想的效果，必须有适宜的运动量。运动量即运动在数量上的总和。对于健康儿童来说，运动时每分钟心率 150 ~ 170 次时，耗氧量为 70% ~ 80%，是中等运动量，小学生的锻炼标准应基本保持在中等及中等运动量以上。

有研究表明，不同锻炼内容所引起的人体内生理变化和适应各不相同。比如：跑的锻炼能提高肺活量。经常晨跑可以锻炼身体各部位，比如肺部和心脏等等，尤其是心脏，增强心脏输血功能，加强血液循环。晨跑还能保持头脑清醒。经过一个晚上的睡眠，大脑还处于朦胧的状态，如果起床后即投入学习中，无疑是在浪费时间。单、双杠的锻炼能增强手、臂的力量等。晚饭后适当的散步可以保持清醒的头脑，进行晚间的学习。体育课的内容、锻炼强度以及锻炼时间非常有利于孩子的身体锻炼，有利于身心健康和合理调节学习。比如，课间的体操，可以调节学习强度。而全面锻炼能使这些良性适应起到互补和促进作用，从而使身体素质和运动能力得到全面发展和提高。因此，全面锻炼是一条重要的原则。

从生物学的角度看，人体的发展和体质的增强，是一个不断适应、积累和逐步提高的漫长过程。既不能"立竿见影"，也不能一劳永逸。根据"用进废退"的原理，人体对体育锻炼的适应与变化规律是：经常锻炼则进步、发展，不坚持锻炼则退步、削弱。因此，身体锻炼应坚持不懈、持之以恒，不能"三天打鱼，两天晒网"，否则原来锻炼所取得的效果便会消退。或者说，通过体育锻炼，发展身体素质和基本活动能力达到增强体质的过程，是有序的逐渐完成的锻炼效果，不可能一蹴而就，体育锻炼必须循序渐进。否则不仅不能获得提高运动能力的锻炼效果，反而有损健康，甚至造成身体损伤。

此外，健康不但指没有身体缺陷，没有疾病，而且还包括完整的生理、心理状态以及适应社会的能力。"健全的心灵寓于健康的身体。"这句格言可追溯到罗马时代，而且历久弥新，到今天仍然适用。为了健全的心灵，为了达到成功的彼岸，让孩子尽力保持身体健康吧。

附：爸爸妈妈与孩子签订的锻炼合同

甲方：爸爸妈妈

乙方：_____

①乙方每天早起后，随甲方活动并晨跑二十分钟。

②乙方在学校时应保证认真对待体育课，并完成体育老师布置的教学任务。

③乙方在课间十分钟里，不要坐在座位上学习或者休息，应与其他同学一样充分进行室外活动。

④吃过晚饭后，乙方和甲方一起散步，并进行一定的健身活动，直到乙方达到能够承受的限度为止。

⑤乙方应在完成家庭作业之后，认真做眼保健操，以保持视力健康。

⑥甲方要给乙方在周末时选择一个游泳或其他项目的培训班，以加强其身体锻炼。

⑦甲方会做到三餐营养搭配合理，粗细粮搭配，荤素菜搭配，食物品种多样化，尽可能做到色香味美，保证乙方身体所需的各种营养。乙方要定时定量吃饭，不要暴饮暴食；不能偏食挑食；要细嚼慢咽，不要贪快嚼不烂。

⑧市内空气污染多，利用假日休息时间乙方和甲方要经常去郊外踏青，呼吸新鲜空气。

⑨甲方要在家中准备一些羽毛球、乒乓球、小哑铃等体育用品，以备乙方利用零散时间进行锻炼。

⑩乙方要积极参加学校及小区里组织的文化体育活动，甲方会给予大力支持。

⑪ 本合同自双方签字后生效执行。

甲方（签字）：_____   乙方（签字）：_____

　　年　　月　　日　　　　　　　　　年　　月　　日

合同执行要点：

①锻炼应讲究运用科学的锻炼原则和方法。小学生的身体锻炼的一个重要原则是因材施教。即使在一个年龄相同的群体中，也会存在性别、体质、体能基础以及遗传等诸多因素的差异。因此进行身体锻炼，必须根据孩子的实际情况，在锻炼内容、方法和运动量方面区别对待。

②人体从相对安静状态过渡到运动状态，需要有个克服生理惰性的过程，即准备活动。人体各部分的惰性并不一样，其中肌肉惰性最小。小学生整个人体克服生理惰性的过程大约需要 10 ~ 20 分钟，用这段时间来做准备活动。同理，人体由剧烈活动逐渐过渡到相对安静状态，也需要一个过渡过程，称作整理运动。作用在于通过进行比较轻松、舒缓的身体活动，使紧张的运动松弛下来，增加吸氧量，从而加速疲劳的缓解和消除。所以，在锻炼的前后，一定要注意这两点。

③傍晚运动的主要形式为散步，活动的时间可长可短，运动强度也不能过大，晚饭后不宜马上锻炼，最好在饭后休息半小时再活动。同时，傍晚锻炼结束与睡觉的间隔要在 1 小时以上，否则会影响夜间的休息和第二天的学习。

④锻炼环境的选择首先要考虑安全问题，要避免到那些人群喧闹、噪声大、拥挤的地方去锻炼，也不要到自己不熟悉、人迹稀少的偏僻地方去锻炼。

5. 让孩子能够照顾自己的自立合同

如果我们问家长这样一个问题：你是希望孩子长大成人后能够独自应付生活、工作中遇到的各种问题、事业有成并能给家庭提供帮助呢，还是希望他（她）永远做自己这个笼子里的小鸟，离开自己的帮助便哪儿也飞不去呢？更多的家长会选择前者，但是，在日常生活中，你对孩子的教育、照顾方式是否能引导其向这一目标发展呢？

宁小远是家里的独生女，被父母亲视为掌上明珠。爸爸妈妈对她疼爱备至，常常是一家人围着她转，生活中，她的大事小情全部由父母亲代劳、包办，致使她什么也不会做，什么也不愿意做。时间久了，宁小远就习惯于让父母帮她做任何事。

这一天，妈妈为了庆祝她上了一年级后获得的小学阶段第一个双百成绩，准备带着她去游泳馆游泳。在路上，宁小远问妈妈："有没有给我带水呀？"

妈妈说："宝贝，带了，你喝吗？"她回答说："不喝。"

她又问道："玩具小鸭子带上了吗？"妈妈耐心地说："带上了。"

到了游泳馆，宁小远又问妈妈："我的水果您帮我带了吗？我想先吃个水果。"妈妈说："好，带了，带了。给你找。"妈妈一边说一边拿出来一个苹果。

宁小远却一脸的不高兴："我不想吃苹果，我要吃的是香蕉呀。"

妈妈说："妈妈只给你拿了苹果，不知道你想吃香蕉。先吃这个，回家再吃香蕉吧？"

宁不远不情愿地对妈妈喊道："不吃，你自己吃好了。"

接下来换衣服、套泳圈等自然也是妈妈代劳，妈妈无微不至地照顾，女儿则理所当然地接受照顾。

这是宁小远以及众多独生子女生活状况的一个缩影。许多家长只要孩子身体、学习好便万事都好，日常生活中许多该由孩子自己动手做的事情，家长都大包小揽，不知不觉中培养了孩子的惰性和被动、自私的性格特点。前两年曾发生过这样一件事情，一个男孩从小学习能力超强，被誉为"神童"，父母自豪之余更是一门心思地关注其学习，学习之外的事情一概代劳，这位"神童"也很争气地在十二岁就考入了名牌大学，但过惯了衣来伸手、饭来张口的日子，大学生活根本无法适应，一学期不到便黯然退学了。

作为父母必须明白这样一个道理：你不能照顾他一辈子，将来他的生活之路毕竟要靠自己的双脚去走，你早一天放手，他便早一天成熟、独立起来。像宁小远这样，从小养成娇气、任性的习惯，小毛病、小脾气大又喜欢依赖别人，对她长大后的工作、生活都会产生极大的负面影响。尽管从现在开始认识到并帮助孩子自立起来不如从一开始就这样做更好，但"亡羊补牢未为晚矣"，这个年龄段的孩子可塑性都很强，只要你赶快行动并用对方法，你的孩子就能学会照顾自己、照顾别人，就会成为一个"懂事"的好孩子。

自立指自我管理能力，是能做那些自己应该做的事情，做好自己能做的事情。仔细观察一下孩子的生活，其实他们很小就有自己动手做事的愿望。凡儿童自己能够做到的，应该让他自己做；凡儿童能够自己想到的，应该让他自己去想。父母不要怕麻烦，要千方百计寻找机会放手让他们去做，同时加以鼓励，让他们得到成功的满足。这种成功很容易转化为自信心，也就是坚信经过自己的努力，可以做好一切事情。

自立对孩子的发展具有非常重要的意义，具备这种良好品质的人有较强的责任心，能独立、勇敢地解决问题，因此具有较强的社会适应能力和心理承受能力。父母应经常运用有效表扬的方式来强化孩子的行为，对他们做出的努力给予充分的肯定，并鼓励孩子去克服困难，坚持自己独立做事，为他们的自主、独立发展创造民主、宽松、愉快的气氛，尊重孩子自主成长的要求。孩子自身有巨大的发展潜力，父母应尊重他们的自主性、独立性，放手让他们自由地发展。

孩子从一出生就是一个独立的人，他们在积极探索周围的世界，可是，家长无条件地包办代替，使孩子形成一种错误认识：什么事情都应该是家长做，不用自己动手做。让孩子学会做"人"，必须从学会做一个独立的"人"开始，从而感知生命存在的意义。

在孩子需要父母的帮助才能完成事情时，父母不给予帮助，这是父母不尽职。然而，当孩子有独立完成这件事的能力时，做父母的就应要求孩子独立完成这件事。服侍小孩对他们不仅是一种奴化，而且很容易窒息他们自发的活动和独立自主意识，扼杀他们十分有益的主动性和创造性。不能把孩子当成木偶，给他们穿，给他们吃，好像他们是布娃娃，一面又不停地认为孩子不会做事，不知道怎样做。大自然赋予了他们可以进行各种活动的身体条件，也赋予了他们智慧，可以学会怎样进行活动。身为父母，都希望自己的孩子将来能够成就一番事业，能够凭自己的素养开创一片天地，能够成为一个对社会有贡献的人，切忌包办代替孩子的一切生活方面的事情。

附：爸爸妈妈跟孩子签订的自立合同

甲方：爸爸妈妈

乙方：_____

"自己的事情自己做"，是孩子自立的标志，而自立的孩子老师最喜欢，爸爸妈妈最放心。乙方也很愿意成为一个自立的孩子，为此，跟爸爸妈妈签订以下协议，并保证按照协议规定去做：

①乙方是个大孩子了，同意从现在开始晚上自己单独睡觉，不过刚开始会觉得有点害怕，所以甲方应给乙方讲故事，陪他入睡。

②睡前和起床时，乙方愿意自己学习脱衣服和穿衣服，甲方应该耐心指导。洗手、洗脸、洗脚、刷牙等事情也要自己去做。

③玩具、学习用品用完后乙方要自己整理好。

④乙方的床铺和日常用品要自己整理好，自己的房间自己打扫，不让爸爸妈妈代替。

⑤乙方努力学习洗自己的毛巾、袜子等。

⑥乙方愿尝试在不要爸爸妈妈陪同的情况下，单独去附近的商店买东西。

⑦在爸爸妈妈做家务、清洁卫生时，乙方愿意帮忙。

⑧在遇到麻烦和问题时，乙方愿意自己先动脑筋想一想该怎么办，能自己解决的尽量自己解决，实在解决不了的再去找爸爸妈妈帮忙。

⑨与爸爸妈妈外出时，自己需要的、可能用到的东西要自己想到，自己或提醒爸爸妈妈准备。

⑩每到周末的时候，甲方和乙方共同检查乙方这一周的表现，如果乙方比上一周有了进步，甲方应该给予一定的奖励。

⑪ 本合同自甲乙双方签字后生效执行。

甲方（签字）：＿＿＿＿＿＿　　　　乙方（签字）：＿＿＿＿＿＿

　　年　　月　　日　　　　　　　　年　　月　　日

合同执行要点：

①父母对孩子的爱要懂得适度，不要一味地顺从他们，那只能称之为娇惯、溺爱。

②父母不要把孩子当作是自己的附属物或者单纯的接受者。不要事事为孩子包办代劳，应该让孩子做一些力所能及的事情，还可以让孩子独立解决具有一点难度的问题，可以指导孩子一些必要的解决问题的方法和技巧等等。

③父母要多和孩子进行沟通，鼓励他们积极参加集体活动，主动与他人交往，虚心向同伴学习。

④有些父母因为孩子的动作慢就干脆代劳，当孩子想表达自己的意见时，父母却横加制止。父母一定得有耐心，给孩子学习做事的机会。

⑤对协议的内容不能指望孩子一下子做到（或者协议本身也先拟定简单的，孩子做到了再重新拟定下一个），只要孩子在进步就好，就要给予鼓励。

⑥不能强制地要求，而是让孩子接受"劳动光荣"、"自己的事情自己做"的观念后自主、乐意地接受协议中的条款，也可以接受了哪一项先施行哪一项。

6. 培养孩子交际能力的交友合同

人的交际素质越高，交往的时间与空间就越大，生活也越丰富，得到的支持与帮助也就越多，机遇将不期而至。人际交往能力是孩子常会面临的一种困难。教育孩子调整自己的行为与态度，主动积极地与他人交往，建立和谐的人际关系，对于孩子的成长至关重要。人际交往是迈向成功的第一步，良好的交际习惯也是孩子成才必备的素质之一。

姜美辰是个长得很可爱的小姑娘，尤其是她那甜甜的圆脸，夹杂着格格的笑声，更是为爸爸妈妈所欣赏。但是不知道为什么，妈妈发现姜美辰很少与同学们一起玩，经常一个人独来独往，总是对着电视消磨时间。出去玩时，遇到有同龄的小朋友，即使人家主动跟她打招呼，她也很少与对方交流，家里更没有她的同学的到来，她也几乎不与爸爸妈妈说自己的事情。看到的电视节目令她感到好笑时，她也是自己一个人在那里傻笑，从不讲给爸爸妈妈听。

有一次，她在看《猫和老鼠》时，哈哈大笑起来。

妈妈走到她的身边，问道："女儿，这个故事有那么好笑呀？"

姜美辰没有理会妈妈。等她看完了之后，妈妈又走过来，耐心地说："女儿，《猫和老鼠》你从小就看，现在你已经读三年级了，你能告诉妈妈，你有自己的好朋友吗？"

姜美辰摇摇头："妈妈，我只喜欢看电视，不愿意和别的同学玩，因为每次玩的时候总是会吵架。"妈妈说："哦，原来是这样。那么，妈妈教你怎样去跟其他人交朋友，好吗？"

培养孩子与人合作的习惯，家庭生活很重要。在家庭中，父母可以多创造与孩子合作的机会，如母女一起做饭、父子一起修理自行车等。在与父母的合作中，孩子可以学到与他人合作的技能，在今后与他人的交往中能运用这些技能。对于孩子主动进行合作的行为，父母应该给予表扬。同时还要鼓励孩子多参加集体活动，孩子真正形成合作与竞争技能的时机往往是在与同伴集体的活动中，如在学校的运动会上，为同学服务、加油等。在当今社会，团队精神是一种优秀的品质，如果孩子具有团队精神，将更有益于他立足于世。因此，父母应该在日常生活中多给孩子合作的机会，让孩子在合作中学会与人交往。

人际关系的破裂也往往是由于缺乏主动宽容他人、谅解他人的胸怀所致。交际的重点是要让孩子学会宽容待人，要心胸开阔、宽以待人，不嫉妒他人，得理也让人。教育孩子胸怀宽广，摆脱嫉妒心理。

有的孩子不能与伙伴友好和睦地相处，不能掌握基本的社会交往方法、规则。有的孩子更害怕与老师交往，不懂的问题不敢问老师，不敢在老师面前发表意见。父母应有计划、有目的地解决孩子的这类问题。

首先要注重爱的表达，比如分享孩子的高兴情绪，理解和分担孩子的痛苦情绪等。让孩子感到父母是他完全可以信赖的人，从而感觉安全。

父母还要腾出时间与孩子共同玩耍。心理学研究表明，游戏对孩子心理的健康发展具有不可替代的作用。给孩子多找一些同龄伙伴，鼓励孩子与他们一起玩耍，让孩子在游戏中体验到欢乐，体验到与他人合作的重要性，从而激起他们友好相处的意愿和行为。不要夸奖孩子的独自玩耍行为，这将使孩子更喜欢独自玩耍。在孩子面前要多说一些鼓励他与别人一起游戏，告诉孩子与其他小朋友一起玩耍是很好的。

鼓励孩子帮助比自己年龄小的孩子，培养孩子的同情心。父母在孩子面前说话时也要注意，让孩子懂得得理让人，以和为贵。在人际交往的过程中，有时会发生不愉快的事情，这是难免的，重要的是要学会处理。孩子的很多理念和行为是受父母影响的，要是父母经常在孩子面前说某个孩子的坏话，孩子就会对那个孩子产生敌意，而不愿与他交往。

现代社会，如果不会与他人合作，知识再多也枉然。父母有责任培养孩子与他人友好合作的习惯。社会是一张网，个人是组成这张网的点，不管你做什么事，你都会与你周围的那几个点发生某种关系。关心和帮助他人是人类生存和发展的需要，也是个人生存和发展的需要。父母应当让孩子懂得，帮助别人就是帮自己，当孩子无私地帮助别人的时候，心中是自豪的、宽容的，当他全身心投入的时候，他的价值在帮助别人的时候得到了充分的展现。要教育孩子助人为乐。助人就是助己，生存就是共存，你希望别人怎样对你，你就应该怎样对别人。父母必须做出榜样，父母要在生活中热心帮助弱者，帮助需要帮助的人，同时鼓励孩子帮助别人。怎样帮助别人容易明白，关键是要有助人为乐的心态。

相信为人父母的都希望教导孩子能与人建立良好的人际关系，乐意与人合作。实践证明，人与人之间明显冷淡的相互关系，必然导致人产生消极的劳动态度，给共同的事业带来不可估量的损失。因此，与人合作的能力，已经成为当今世界人才的重要素质之一。父母要积极引导孩子与人合作，在合作中培养孩子的团队精神。

附：爸爸妈妈与孩子签订的交友合同

甲方：爸爸妈妈

乙方：_____

善于与人交往是一个向往成功的人必备的素质，乙方愿意在甲方的指导下学习与人交往的技巧，提高交际能力，为此双方签订如下协议：

①乙方要主动约伙伴来家中玩，学习待客之道。甲方热情招待，积极配合。

②甲方应勤带乙方去其他同龄孩子家做客，学习与人接触交往的礼节。

③面对别人的批评，乙方应动脑想想，正确的应愉快接受，不能动不动就不理别人。

④面对别人错误的指责，乙方要用礼貌正确的方式为自己辩解。

⑤面对别人的误会，乙方要表示宽容，不要因此和别人对立。

⑥与同学发生争执时，乙方不论对错，都应采取主动积极的态度进行和解。

⑦乙方应积极参与周围同伴们所玩的游戏，和大家一同娱乐。

⑧当同学有困难需要帮助时，乙方要愉快答应并尽力帮忙。

⑨遇到同学生病不能上学时，乙方应及时问候，或征求甲方意见，一起登门看望。

⑩乙方应积极参加学校和班里组织的各种集体活动。

⑪本合同自双方签字后生效执行。

甲方（签字）：_____　　　　乙方（签字）：_____

　　年　　月　　日　　　　　　　　年　　月　　日

合同执行要点：

①教孩子学会欣赏和接受别人，尊重别人的兴趣。记住对方的姓名是对别人最起码的尊重。学会倾听他人的心声，而不要一味表达自己的想法。只有当孩子能够真诚地欣赏他人的长处，才能从内心深处真正地愿意接受别人。从实质上来讲，合作就是取他人之长，补己之短，是双方长处的交融，也是双方短处的互相弥补。只有相互认识到对方的优点，欣赏对方的长处，合作才会有真正的基础和动力。因此，父母要经常给孩子灌输这样一种思想：任何人都有他的长处，要学会真诚地欣赏。

②提醒孩子凡事要想到别人。引导孩子设身处地地想到别人。作为父母，应通过讲故事、做游戏和比喻等手段引导孩子认识他人、理解他人、同情他人，促进孩子从"自我"走向"他人"，由自己想到别人。

如果孩子自私自利，凡事都只想到自己，遇事就会斤斤计较，也难于与别人友好相处，更谈不上与他人合作。在孩子小的时候，父母不妨对孩子进行这方面的"分享训练"。同时适当地给孩子以引导，让孩子觉得分享对他来说不是一种剥夺，而是平添更多更新更好的机会和乐趣。

③要让孩子多参加一些集体活动，使孩子在集体活动中自觉地意识到与他人真诚合作的必要性。父母过度保护、封闭孩子，会使孩子失去与他人游戏的机会，也会使孩子失去认识他人价值的机会。

④让孩子学会一些合作的技巧和规则。父母要让孩子明白在合作中既要尊重对方，服从大局，讲统一，又要有自己的立场。容忍和随和是有尺度的，也就是说在合作过程中，不能唯我独尊，只想自己，要充分顾及他人的要求与需要，哪怕必要时做出一定的让步和牺牲。但是，迁就与让步是有限度的，不是放弃原则，在合作中要有自己的立场与个性，要知道取得同伴的信任与尊重是合作成功的前提。

7. 培养孩子说话习惯的合同

能够在别人面前把想法表达清楚，是一种十分重要的能力。流畅的语言表达能力可以准确地把自己的想法或情感传递给别人，让别人了解、理解你。良好的口才对于孩子将来的发展非常重要，所以，早一点着手培养孩子说话方面的习惯，绝非可有可无的事情。

彰显是个特别听父母话的孩子，可是，有一点，他就是不爱多说话。平时，做完作业，他就喜欢读书或者看电视，很少同父母一起交流、谈心。彰显的爸爸妈妈平时也是大忙人，不是很重视孩子这方面的表现。

2005年11月11日电视里公布了奥运福娃，彰显和爸爸妈妈一起看这个节目。爸爸和妈妈在讨论五个福娃哪一个名字和形象更好一些，在一旁坐着的彰显却一言不发。

妈妈觉得每一个孩子看到小福娃可爱的样子，都会情不自禁地说上几句的，爸爸也意识到儿子实在是太沉默了，家里几乎听不到他的声音，于是问道："儿子，你喜欢哪一个福娃呢？"

彰显见爸爸问自己，想也没想就回答说："都差不多。"

妈妈接着说："我喜欢'北北'。你觉得怎么样呢？"

彰显说："嗯，可以。"

爸爸和妈妈相视了一下，妈妈又对他说："显显，你已经是大孩子了，对任何事物都该有一个自己的喜好评价呀？每个人都是有头脑和思想的。你有什么想法，以后要跟爸爸妈妈说出来才行。"

后来从彰显的老师、同学那里了解到，彰显碰到说话、发言的事情就往后躲，上课回答老师问题从不举手，偶尔被老师提问到，他会满脸通红、吭吭哧哧地说不出话来。

　　家长不能简单地把孩子不爱说话归结为性格因素，认为是不可改变的，实际上越是早一点从习惯入手重视这个问题，越容易"撬开"孩子的嘴巴，让他变得爱说话。

　　当然，孩子爱说话还不够，还必须会说话，所谓会说话就是说出的话能清晰地表达自己的意思，说话有条理，而且能抓住重点。说话的一方要表达清楚，以便听得一方能马上理解，没有偏差，没有误会。许多孩子很能说，在家里，只要给他机会，就可以不停地说下去，但大多都不着边际，有很多时候话讲完了，听的人却一头雾水，不知道孩子到底表达了什么。有很多孩子，在父母面前能说会道，但如果来了生人，便吓得不敢出声。有些孩子在私底下说得头头是道，但真正让他上了正规场合却扭扭捏捏，说话结结巴巴，这些都不利于孩子今后独立地走入社会，做父母的应该从小引导孩子会说话，有勇气有信心说话。

　　许多孩子在说话方面存在障碍。前人说："一言可以兴邦"，"三寸之舌，强于百万之师"。具备良好口才的孩子能与周围的人们很好沟通，与周围的同学朋友友好相处，能在某些场合很大方地推销自己。现代社会是一个充满竞争的社会，没有竞争意识的人是很难适应社会生活的。

　　父母要学会倾听，满足孩子说话的欲望。一般情况下，孩子回到家里见到父母通常会把发生在自己身边有趣、稀奇的事情说给他们听。这时父母应认真倾听孩子的讲述，并要用一些神态、身体语言让孩子感觉到正听得很投入。如果父母正忙着没时间听，要态度温和地跟孩子商量："你看，妈妈正忙着呢！等会儿我坐下来仔细听，好吗？"因为孩子在讲话前总是一腔热情，这样一说，孩子就不会感觉很失望。

　　父母还要学会引导、激发孩子的欲望。那些性格内向的孩子常常喜欢独自一人玩，默默地做事，父母对待这样的孩子要千方百计地引导他说话，把他说的欲望给激发出来。问孩子一些问题，尽量避免问那些只需要孩子点头说"是"或摇头说"不是","有"或"没有"这一类问题。可以问他一些学校里的情况,比如"老师是怎样夸奖你的?""班里和你最要好的同学都有谁?"。

父母要学会指导、帮助孩子说正确的话。孩子说话时可能会出现用词不当、前言不搭后语等现象。父母在听的过程中,要随时帮助选用正确的词汇,要求孩子有准备地搭配语言,让孩子把话讲完整,教孩子把想讲的话联系起来思考后再讲出来。长期下来,孩子语言的准确性就会不断提高。

父母要注意提高孩子的思辨能力。由于孩子的知识面较浅,接触外界的机会相对要少,辨别能力比较低,所以,他们说的话常会与客观事实不符。父母在听的过程中,应注意把握孩子的说话内容,并作出肯定,给予正确的判断。在父母与孩子共同的评析过程中,孩子思想的准确性、深刻性会变得更好。

孩子爱不爱说话,还跟环境有关,家里人多说,孩子的语言能力也强。思辨能力跟口才有着必然联系,思辨能力强,口才就好。思辨能力的培养,需要一个积累的过程,让孩子多看一些科普书,看电视新闻,了解世界,了解社会,平时多跟孩子交流、讨论一下人和事,多参加社会活动。在家庭中不管讨论任何问题都让孩子发表意见,也可以锻炼孩子的口才。多看书,看多了,理解多了,学习书中优美语言的用法,逻辑思维自然有条理了,孩子也就会引经据典,更有说服力,语言表达能力也就提高了。常带着孩子出去走动走动,多见见人,多与他人交流。只要有机会就与孩子说话,有意识地反问、提问。让孩子在聚会时发表自己的意见,全家人一起演讲,大家相互提意见,哪怕孩子说得不好,也要鼓励他。总之,父母要多给孩子提供训练说话和锻炼口才的机会与环境。

附：爸爸妈妈跟孩子签订的说话合同

甲方：爸爸妈妈

乙方：_____

语言表达能力是一个人十分重要的素质，为了提高乙方的语言表达能力，甲乙双方达成如下协议：

①乙方说话时要尽量放慢语速，把要说的事情归纳后一条一条说出来。

②在公开场合乙方要大胆说话，尝试着一开始说些简单的话，以后再说长一些的话。甲方多与老师沟通，发现乙方在这方面有所进步后会给予令乙方心动的奖励。

③双方要定期组织家庭故事会，在家庭聚会等人多的场合下，乙方可以发挥一下，讲故事给客人听。如有不当，甲方帮助改正。

④家里来客人时，甲方要让乙方多陪客人聊天，乙方不能以任何理由推诿。

⑤乙方应经常阅读科普类图书，多看新闻，经常与甲方一起讨论人和事，勇于发表自己的看法与见解。

⑥乙方回到家里，把自己一天在学校里发生的快乐、生气或有趣的事儿说给甲方听。甲方不可以因为忙就表现出不耐烦的样子，应用心去听。

⑦乙方要选择时间来给甲方阅读课本或者讲故事，然后双方共同探讨其中的情节。

⑧甲方应了解乙方最要好的朋友是谁，乙方应多参加社交活动。甲方应支持乙方多交朋友，并让乙方约同学到家中做客。

⑨甲方如有错误的指责，乙方要注意采取合适的说话方式为自己辩解。

⑩本合同自双方签字后生效执行。

甲方（签字）：_____　　　　乙方（签字）：_____

　　年　月　日　　　　　　　　年　月　日

合同执行要点：

①一定要树立孩子的信心。许多人说话之所以结巴，很大原因是自卑感在作祟，因为自卑，怕自己讲不好会被人耻笑，所以十分紧张。

②要从提高孩子口头表达能力上下手，引导和激发孩子多说话，以锻炼孩子的口才。针对不知道如何开口说话的孩子，可以鼓励他在课堂上或家庭聚会时积极发言。看完电影、小说或听过新闻之后，主动地要求其复述其中的内容。积极参加学校举办的讲演会、朗诵会、讨论会等。

③口才始于交流，父母要多为孩子创造交流的条件和环境，要多给孩子在家人、亲戚、朋友、陌生人面前说话的机会。这样，既提高了孩子的口头表达能力，又锻炼了孩子的胆量。

④要让孩子掌握一定的说话技巧，如说话语音、语调、节奏和韵律，还有说话的文明礼貌等。说话的时候，说话的速度可以放慢，一句一句说清楚，不要着急。说话要简洁有力，拣重点内容说，其他无关紧要的话就少说。